Los Secretos de Tamar
En Tela de Juicio

JACQUELINE TORRES

MANUSCRITOS PUBLISHING
PRINCIPIOS. SABIDURÍA. ÉXITO

Copyright © 2021 Jacqueline Torres

Todos los derechos reservados, incluido el derecho de reproducción total o parcial en cualquier forma.

Primera edición 2021

Para obtener información sobre descuentos especiales para compras a granel, póngase en contacto con Manuscritos Publishing: 860.748.2906 o manuscritospublishing@cox.net

ISBN: 978-1-7340967-1-2

Otros libros de la autora Jacqueline Torres

Violencia Doméstica y el Sistema Religioso

Dios Tiene Un Plan

Leadership: Helping Others to Succeed

Power of Change: Reinventing Yourself at any Age

DEDICACIÓN

Este libro está dedicado a todas las sobrevivientes de abuso sexual, víctimas de violación y sobrevivientes de todo tipo de violencia.

Al escribir este libro mi intención es centrar su atención en los diferentes temas que verás a lo largo de las historias del dolor de estas tres mujeres diferentes que fueron abusadas a manos de un miembro de la familia, un ciclo de artimañas, una familia dividida por la envidia y el engaño, un terror cultural legítimo, comportamientos escandalosos y poco ortodoxos y como la Biblia y el sistema judicial de la misma manera si es mal interpretada puede causar más dolor que sanidad.

CONTENIDO

Reconocimientos..6

Prólogo---7

Introducción--11

Capítulo 1: Ni Uno Lloró Por Tamar----------------------------------29

Capítulo 2: ¿Habrá Una Tamar En La Casa? -------------------------33

Capítulo 3: Tamar: Violación Y Venganza----------------------------47

Capítulo 4: Tamar La Extranjera--------------------------------------61

Capítulo 5: Tamar: La Viuda Que Se Atrevió-------------------------79

Capítulo 6: Trauma y Recuperación En El Abuso Infantil ----------97

Capítulo 7: Violación: La Amenaza De Muerte----------------------105

Capítulo 8: Sumisión vs. Rendición----------------------------------113

Capítulo 9: Los Efectos Secundarios Del Abuso Sexual -------------119

Conclusión ---123

Llamado A La Acción--125

Bibliografía--127

Referencias Bíblicas---129

Recursos---137

Sobre La Autora---141

Una historia cautivadora de lo que significa romper el silencio de las víctimas de violencia doméstica en la sociedad religiosa.
¡NO MÁS EXCUSAS!
Violencia Doméstica
y el Sistema Religioso
Jacqueline Torres, Ph.D.
OCTUBRE ES EL MES DE CONCIENTIZACIÓN SOBRE LA VIOLENCIA DOMÉSTICA
Si no sabías como dirigir las situaciones de violencia doméstica, agresión sexual e incesto, ahora puedes aprender y ser parte de la solución.
Hazlo hoy y evita decepcionar a otra victima. Reconoce que no tenemos todas las respuestas.
Puedes comprar el libro para ti o dárselo como regalo a una sobreviviente, organización de fe o comunitaria que trabaja con víctimas.
¡Comencemos el cambio comprando el libro! Haga clic en enlace~
https://amzn.to/3eX3Rvk

RECONOCIMIENTOS

Gracias a todos mis lectores de libros y a todos los que apoyan mi trabajo. Ustedes son mi inspiración y la razón por la que escribo.

También escribo para dirigir las condiciones que pasan en el mundo que nos impactan a todos y que veo la necesidad de escribir acerca de ellos para aportar un granito de arena en el cambio que necesitamos en el mundo y así poder vivir una vida con propósito y saludable.

PRÓLOGO

Este libro presenta varios puntos de vista para que los líderes comunitarios y religiosos consideren y se involucren en las mejores prácticas al abordar sobre el abuso sexual.

Al escribir este libro mi intención es centrar su atención en los diferentes temas que verás a lo largo de las historias del dolor de estas tres mujeres diferentes que fueron abusadas a manos de un miembro de la familia, un ciclo de artimañas, una familia dividida por la envidia y el engaño, un terror cultural legítimo, comportamientos escandalosos y poco ortodoxos y como la Biblia y el sistema judicial de la misma manera si es mal interpretada puede causar más dolor que sanidad.

Encontrarás consideraciones teológicas e historias bíblicas de injusticia, violencia, lujuria, traición, asesinato, incesto y venganza. Algunas recompensas y castigos se llevaron a cabo en ese entonces y otros se posponen a las generaciones futuras. Algunos de los temas que encontrarás:

- ~ Dina la hija de Jacob y Lea es violada
- ~ Siquem la viola, pero quiere casarse con ella
- ~ Los hermanos de Dina se oponen rotundamente
- ~ Simeón y Leví los hermanos de Dina quieren matar a Siquem
- ~ Jacob su padre, convencido de su bienestar y sentido de paz le dice a Simeón y Leví que lo que han logrado con su decisión ha sido causarle problemas a él
- ~ Simeón y Leví respondieron a su padre Jacob, *¿debe nuestra hermana ser tratada como una ramera?*

- Tamar la hija de David es violada por su medio hermano Amnón
- David su padre no hace nada en cuanto al caso
- Absalón el hermano de Tamar quiere vengarse por ella
- Las matriarcas no se encuentran en ninguna parte
- Tamar la nuera de Judá es traicionada
- Los hijos de Judá se casan con Tamar y luego la engañan
- Er y Onán no quieren tener hijos con Tamar

Por lo tanto, estamos tratando con capas de sexismo alrededor de estas historias. No olvidemos que venimos como lectores con nuestras propias historias individuales, heridas, suposiciones y puntos ciegos.

Nuestra propia lectura del texto es consciente e inconsciente, y se puede argumentar que nuestro compromiso con cualquier texto es tan complejo y cargado de proyección como cualquier otra relación.

Luego vienen los prejuicios de nuestros propios contextos y nuestros prejuicios culturales más grandes, todos los cuales pueden oscurecer para nosotros el hecho de que el narrador de la historia también está sesgado.

El sexismo de estas capas modernas de interpretación que son nuestras, combinadas con la visión predominante de traductores y comentaristas modernos, nos lleva hacia la probable suposición inconsciente de que la historia trata sobre el sexo, la pasión o la lujuria en lugar del poder y la propiedad.

Dos elementos son cruciales para detener la violencia y el abuso de las mujeres y otros grupos oprimidos. El primero es escuchar las historias desde su propio punto de vista hasta el punto de que esto es posible. Esto es cierto si la historia trata sobre la violación de una niña hace tres mil años en Jerusalén o si le sucede mañana a nuestro vecino de al lado.

El segundo elemento crucial para detener el abuso es cuestionar y estar disponible a la revisión de todas las formas de autoridad y poder que son mal utilizadas para perpetrar, incitar o confabular con el abuso consciente y directamente, como con Amnón y Jonadab, o inconscientemente, como con el rey David y Judá. Tal poder y autoridad deben ser criticados incluso cuando aparece en la Biblia o en la iglesia.

Como parte de este libro le damos la bienvenida a los sobrevivientes para que formen parte de la historia y compartan sus historias. Como continuación de este libro, hemos decidido en ese próximo libro incluir las historias de sobrevivientes y cómo sobrevivieron.

Como parte de este libro le damos la bienvenida a los sobrevivientes para que formen parte de la historia y compartan sus historias. Como continuación de este libro, hemos decidido en el próximo libro incluir las historias de sobrevivientes y cómo sobrevivieron.

INTRODUCCIÓN

Este es un libro para concientizar y tomar en serio la gravedad de esta pandemia que ocurre en todo el mundo. Este libro sirve para involucrar a los terapeutas, líderes religiosos y a las comunidades en general en establecer las mejores prácticas al abordar sobre el abuso sexual.

Si bien el enfoque de este libro se centra en la agresión sexual contra las mujeres, es importante no ignorar el hecho del dolor y el terror de las víctimas masculinas. Los hombres también son víctimas de la violencia machista.

Al escribir este libro, no pude evitar las emociones de ira, tristeza, frustración, lágrimas y sentimientos de impotencia. La necesidad de hacer algo para cambiar la historia me permitió escribir y dar voz a estas mujeres y a aquellos que todavía están sobreviviendo cada día. Sí, me apasionan los temas sistemáticos sobre los que elijo escribir porque de una manera u otra me han tocado.

Para ser sincera, las mujeres predicadoras no han hecho un buen trabajo para sacar adelante las voces de las mujeres en la Biblia. En mi experiencia, he escuchado historias de oradores hablando de las malas mujeres de la Biblia y no puedo recordar muchos casos en los que había oradores compartiendo sobre el bien de cualquier mujer de la Biblia.

Si escuchas alguna buena historia de una mujer involucrada sería muy limitado. ¿Y las mujeres que hicieron lo correcto? ¿Y las mujeres que fueron agredidas? ¿Qué pasa con las mujeres que fueron acusadas del mismo crimen que los hombres, pero fueron tratadas de manera severamente injusta?

Aunque las cuestiones sociales, políticas y teológicas son importantes, la experiencia personal de una persona es la única ventana adecuada a través de la cual podemos ver la realidad de la violación.

En la Biblia encontramos historias de injusticia, violencia, lujuria, engaño, traición, asesinato, incesto y venganza. En algunas de estas historias las recompensas y castigos se posponen a las generaciones futuras.

Por ejemplo, en la historia de la violación de Tamar por su hermanastro Amnón, nos enteramos de que Tamar entra en un estado de luto tan profundo que su belleza se desvanece y parece una anciana.

En la historia de Tamar no vemos ni escuchamos de ninguna de las voces de su madre, madrastra o de ninguna de las matriarcas.

Lo único negociable que tenía una joven era su virginidad y dignidad para poder casarse y tener una vida económica y equilibrada. En la historia de la violación de Dina, la hija de Jacob y Lea, vemos que Siquem la viola, pero quiere casarse con ella; y los hermanos de Dina se oponen a que eso suceda. Simeón y Leví, los hermanos de Dina mataron a Siquem.

El padre Jacob, confiado de su buena posición dijo a Simeón y a Leví que se agitaron y precipitaron una decisión que causaría problemas para él, pero no se preocupó por su hija Dina. Simeón y Leví respondieron: ¿Debería nuestra hermana ser tratada como una ramera?

Cada historia bíblica no significa salvación para todas las personas. Cada historia necesita ser examinada contra la totalidad de la Escritura. Una niña muy pequeña que aún no ha estado inmersa en esta confusa separación del cuerpo y la mente, el cuerpo y el espíritu, sabe que su integridad corporal representa los límites de su Ser.

La violación de las partes más privadas del cuerpo, las partes relacionadas con la procreación, el nacimiento y el placer sexual, constituye una violación del núcleo espiritual del ser. Es la naturaleza sexual de la violación lo que la convierte tan profundamente en un crimen contra el espíritu.

La palabra latín rapere fue usada para traducir violar sexualmente, robar. Esta raíz etimológica revela la visión predominante de la violación desde los primeros siglos, como un crimen contra la propiedad. La agresión sexual, como en la historia de Tamar, se convierte en un robo de la posesión de otro hombre, en lugar de una violación de la jurisdicción soberana de una mujer sobre su propio cuerpo.

En varias civilizaciones antiguas, la violación fue castigada con la muerte (Deut. 22:23-29). Si la mujer no gritaba, también era apedreada (Deut. 22:23-24). En estos casos la palabra latín rapere fue usada para definir violar sexualmente.

La excepción fue en el caso de la violación de una virgen. Entonces el violador tuvo que casarse con la víctima y pagarle a su padre tres veces su precio original del matrimonio (Deut. 22:29).

Además, en algunas civilizaciones al padre de la joven se le permitió una retribución por la violación, lo que legalmente le permitía violar a la esposa o hermana del perpetrador.

Lo siento mucho por las muchas Tamar y Dina's del mundo que todavía están sufriendo a manos de la humanidad.

Era la misma situación cuando se trataba de violar el núcleo espiritual del ser cuando se trataba de Jesús. Morir en la cruz fue una tragedia. Jesús no eligió la cruz, él escogió la integridad y la fidelidad, la gente escogió para él la cruz.

En el caso de Tamar la nuera de Judá, los hijos de Judá la traicionan, la engañan, la desvalorizan, la abusan y la desechan y hacen que ella tenga que tomar la justicia en sus manos para ser vindicada.

¿Cuántas veces nosotros por querer hacer el bien, la gente nos trata mal?

En el caso de la violación de Dina - Génesis 34:1-31

34 Cierto día, Dina, la hija de Jacob y Lea, fue a visitar a unas jóvenes que vivían en la región. 2 Cuando el príncipe del lugar, Siquem, hijo de Hamor el heveo, vio a Dina, la tomó a la fuerza y la violó. 3 Sin embargo, luego se enamoró de ella e intentó ganarse su cariño con palabras tiernas. 4 Le dijo a su padre Hamor: Consígueme a esta joven pues quiero casarme con ella.

5 Entonces Jacob se enteró de que Siquem había deshonrado a su hija Dina, pero como sus hijos estaban en el campo cuidando sus animales, él no dijo nada hasta que regresaron. 6 Hamor, el padre de Siquem, fue a hablar del asunto con Jacob.

7 Mientras tanto, los hijos de Jacob, al enterarse de lo ocurrido, regresaron del campo de inmediato. Quedaron horrorizados y llenos de furia cuando supieron que su hermana había sido violada. Siquem había cometido un acto vergonzoso contra la familia de Jacob, algo que nunca debió haber hecho.

8 Hamor habló con Jacob y con sus hijos:

Mi hijo Siquem está verdaderamente enamorado de su hija dijo—Por favor, permítanle casarse con ella. 9 De hecho, formemos también otros matrimonios: ustedes nos entregan a sus hijas para nuestros hijos, y nosotros les entregaremos a nuestras hijas para los hijos de ustedes.

10 Todos ustedes pueden vivir entre nosotros; ¡la tierra está a su disposición! Establézcanse aquí y comercien con nosotros, y siéntanse en libertad de comprar propiedades en la región.

11 El propio Siquem también habló con el padre de Dina y con sus hermanos:

Por favor, sean bondadosos conmigo y permitan que me case con ella les suplicó. Yo les daré cualquier cosa que me pidan. 12 Sea cual fuere la dote o el regalo que exijan, lo pagaré de buena gana; solo les pido que me entreguen a la muchacha como esposa.

13 Pero como Siquem había deshonrado a la hermana de ellos, Dina, los hijos de Jacob respondieron con engaño a Siquem y a Hamor, su padre. 14 Les dijeron:

De ninguna manera podemos permitirlo, porque tú no has sido circuncidado. ¡Sería una vergüenza para nuestra hermana casarse con un hombre como tú! 15 Pero hay una solución. Si todos los varones entre ustedes se circuncidan, como lo hicimos nosotros, 16 entonces les entregaremos a nuestras hijas y tomaremos a las hijas de ustedes para nosotros. Viviremos entre ustedes y seremos un solo pueblo; 17 pero si no aceptan circuncidarse, tomaremos a nuestra hermana y nos marcharemos.

18 Hamor y su hijo Siquem aceptaron la propuesta. 19 Siquem no demoró en cumplir con el requisito, porque deseaba con desesperación a la hija de Jacob. Siquem era un miembro muy respetado de su familia, 20 y acompañó a su padre, Hamor, a presentar la propuesta a los líderes que estaban a las puertas de la ciudad.

21 Les dijeron: Esos hombres son nuestros amigos. Invitémoslos a vivir entre nosotros y comerciemos libremente. Miren, hay suficiente tierra para mantenerlos. Podemos tomar a sus hijas como esposas y permitir que ellos se casen con las nuestras.

22 Pero ellos aceptarán quedarse aquí y formar un solo pueblo con nosotros únicamente si nuestros hombres se circuncidan, como lo hicieron ellos. 23 Además, si nosotros lo hacemos, todos sus animales y sus posesiones con el tiempo serán nuestros. Vamos, aceptemos sus condiciones y dejemos que se establezcan entre nosotros.

24 Todos los hombres del consejo estuvieron de acuerdo con Hamor y Siquem, y todos los varones de la ciudad fueron circuncidados. 25 Sin embargo, tres días después, cuando aún estaban adoloridos, dos de los hijos de Jacob—Simeón y Leví—, que eran hermanos de Dina por parte de padre y de madre, tomaron sus espadas y entraron en la ciudad sin encontrar resistencia. Entonces masacraron a todos los varones, 26 entre ellos Hamor y su hijo Siquem. Los mataron a espada, y después sacaron a Dina de la casa de Siquem y regresaron a su campamento.

27 Mientras tanto, los demás hijos de Jacob llegaron a la ciudad. Al encontrar masacrados a los hombres, saquearon la ciudad, porque allí habían deshonrado a su hermana. 28 Se apoderaron de todos los rebaños, las manadas y los burros; se llevaron todo lo que pudieron, tanto de adentro de la ciudad como de los campos. 29 Robaron todas las riquezas y saquearon las casas. También tomaron a todos los niños y a las mujeres, y se los llevaron cautivos.

30 Después, Jacob les dijo a Simeón y a Leví:

¡Ustedes me han arruinado! Me han hecho despreciable ante todos los pueblos de esta tierra: los cananeos y los ferezeos. Nosotros somos tan pocos que ellos se unirán y nos aplastarán. ¡Me destruirán, y toda mi familia será aniquilada!

31 Pero, ¿cómo íbamos a permitir que él tratara a nuestra hermana como a una prostituta? replicaron ellos, enojados.

Análisis

Dina, la única hija de Jacob, es la primera de sus hijos que recibe mayor atención en la historia. Durante un viaje, es violada por Siquem, un miembro de la familia gobernante cananea. Pero entonces, en un movimiento no típico de los violadores, busca que se convierta en su esposa (34:1-4).

Jacob responde a esta propuesta con prudencia y cuidado e inicia negociaciones con la familia de Siquem. Pero sus hijos se resisten a esta dirección de acción y plantean demandas engañosas (34:13), incluyendo la circuncisión de todos los hombres en la familia de Siquem (34:5-24). De alguna manera, el honor de los hermanos, en lugar del de Dina, se ha convertido en el tema que hay que abordar (véase también 34:31).

Los hermanos Simeón y Levi toman la iniciativa de seguir adelante con su engaño (34:25-29), rompiendo la fe en sus nuevos hermanos de sangre. Asesinan a Siquem y a su padre, y a todos los hombres de la ciudad; violan a todas las mujeres y saquean la ciudad. Su violencia engendra más violencia. Utilizan la práctica religiosa de la circuncisión, que había debilitado a todos aquellos a quienes mataron como vehículo para el engaño y la violencia.

En el intercambio final Jacob se opone a lo que sus hijos han hecho (34:30-31). A su vez, su pregunta es estrecha y de autoservicio, lo que plantea una nueva cuestión, a saber, la prostitución (34:31); una vez más, su vergüenza parece ser el centro de su atención en lugar de Dina. Más tarde, Jacob condenará fuertemente las acciones violentas de Simeón y Leví (Gén. 49:5-7).

¿Por qué Dina, la única hija de Jacob que es víctima de violación es silenciada? Esta historia da permiso a los lectores bíblicos para hablar abiertamente sobre la violación y la historia desesperada de la respuesta de la sociedad, incluyendo el silenciamiento de las víctimas.

En el caso de la violación de Tamar – 2 Samuel 13:1-39

Análisis

La historia de Tamar y Amnón es un referente para prácticamente todos los temas de este libro en 2 Samuel 13. Hay una violación que combina elementos de incesto y violencia doméstica. Hay una conspiración de hombres ayudando e instigando al perpetrador del crimen y una conspiración masculina de silencio después del hecho.

Finalmente, hay una forma cruda de retribución al final, pero este cruel acto de venganza se hace muy aparte de los deseos de la víctima. Tamar es posiblemente la única víctima de violación en las Escrituras que tiene voz y, sin embargo, todo el poder de actuar o incluso de hablar se le quita. Se convierte en asuntos de hombres.

Al final, el padre de los tres personajes principales de este drama, así como todos los sirvientes del padre, son vistos como afligidos y lloran amargamente día tras día no por la víctima, sino por el perpetrador y el hermano de la víctima.

La voz de Tamar puede ser reclamada imaginativamente a través de un acto de memoria subversiva. La memoria subversiva, describe un proceso de recuperar las voces perdidas de las mujeres bíblicas a través de la imaginación histórica y la recreación.

En el caso de la Injusticia y Traición de Tamar - Génesis 38:1-26

Análisis

En el caso de Tamar la nuera de Judá, los hijos de Judá e incluso hasta su mismo suegro la traicionan, la engañan, la desvalorizan, la abusan, la desechan y hacen que ella tenga que tomar la justicia en sus manos para ser vindicada.

Tamar se casa con Er el primer hijo de Judá quien no quería darle hijos y falleció, después de acuerdo a la Ley de Levirato, Onán el segundo hijo de Judá tenía que casarse con ella e impregnarla para que el linaje de su primer esposo continuara, este tampoco quería darle hijos y falleció.

Judá tenía un tercer hijo llamado Sela que de acuerdo a la ley de Levirato se suponía que se casara con ella y le diera hijos para continuar el linaje de la familia, pero este era menor de edad. Judá entonces por miedo de que Tamar tenía alguna maldición y le podía causar la muerte a su tercer hijo, le prometió a su nuera que se regresara a la casa de su padre y cuando Sela fuera mayor de edad se podía casar con él.

Tamar le creyó y se fue viuda, sin hijos, triste y avergonzada a la casa de su padre. Luego de pasar muchos años se dio cuenta de que Judá la traiciona y no la casa con su hijo Sela que ya es mayor de edad. Entonces es cuando Tamar tiene que ponerse en acción y lograr obtener lo que legalmente ella sabe que le pertenece y se expone a todo hasta lograrlo.

¿Cómo sonaría la historia si se contara desde la perspectiva de las mujeres? ¿Qué conclusiones diferentes nos llevarían a sacar de los mismos acontecimientos? ¿Extraeríamos una moral diferente de la historia?

La Biblia representa a sus héroes y heroínas como seres humanos complejos, elevándose a grandes alturas espirituales y descendiendo a odios celosos, propensos al pecado, pero siempre con el elemento de espiritualidad que les permite elevarse por encima de su debilidad y lograr grandes cosas; es su lucha la que los hace dignos de nuestra veneración y hace posible su emulación.

Cuestiones fundamentales en la Biblia y su Sistema de Justicia:

- Responsabilidad Individual vs. Colectiva y castigos para sus hijos por lo que hicieron, pero no en términos morales;

- Jacob está preocupado porque las acciones de sus hijos lo harán quedar mal a los ojos de sus vecinos y lo someterán a represalias;

- La viñeta aislada incluida en la Biblia. ¿Por qué?

- Los que juegan el papel de *abogados de defensa* – justifican a los hermanos que destruyen la ciudad que violó a su hermana;

- Sugiriendo que todos en la ciudad son culpables;

- Los hombres de la ciudad eran culpables porque no procesaron al violador por su delito;

- Los comentaristas definen el acto de Siquem como un robo, ya que las mujeres eran consideradas propiedad;

- Culpa a la víctima cuando no quieres considerar un castigo para los culpables;

- Los comentaristas tradicionales sostienen que el marido de Betsabé debe haber hecho algo malo para que David lo enviara a la primera línea de fuego en la guerra para morir;

- Este pensamiento retrógrado lleva a la creencia de que todos los desastres son culpa de la víctima;

- Los comentaristas contemporáneos argumentan que está prohibido criticar a cualquier gran figura bíblica;

- Un sabio talmúdico dice que quien sugiera que David pecó con Betsabé está equivocado;

- Si notaste, usualmente son los narradores masculinos quienes están ansiosos por justificar su posición buscando siempre algún factor de mitigación;

- La historia de Tamar la hija de David nunca reaparece en el Libro de Samuel;

- La historia de Dina nunca reaparece en el Libro de Génesis;

- La historia de Tamar nuera de Judá nunca reaparece en el Libro de Génesis.

Como pueden ver, solo cuando podemos identificarnos con las personalidades de la Biblia, es cuando las vemos como grandes seres humanos. Los seres humanos que se enfrentaron con ellos mismos y a veces incluso fracasaron en su esfuerzo por superar los mismos problemas y la adulación que nos despoja de cada paso que realmente podemos utilizar como modelos y aprender de sus experiencias.

Mi enfoque de este texto es deliberado y críticamente exigente, utilizando un lente cultural, literario, retórico y lingüístico social para el análisis. Como educadora estudiosa y apasionada que explora todas las posibilidades de significados que puedo encontrar sobre la historia sombría de Tamar a partir de enfoques reflexivos que parecen arrojar más luz.

Con una responsabilidad profunda de cavar más profundo en los sentidos y los objetivos de las historias de estas mujeres que pueden transformar realmente vidas si les damos una voz. Con un sentimiento de compromiso que ya no voy a tomar una perspectiva o interpretación masculina de lo que leen sin alinearlo con mi proceso de pensamiento y las realidades en las que vivimos. Seré la voz de las mujeres que se han quedado sin voz.

Los comentaristas rabínicos observan que cuanto más prominente es una persona, más prominente es su instinto maligno, y su grandeza se muestra al superarla. Los héroes bíblicos cometen errores; sucumben a las pasiones humanas; violan las reglas y los mandamientos; a menudo tratan de racionalizar, negar o encubrir sus pecados y crímenes. Pero la Biblia no empaña las imperfecciones de sus héroes.

El concepto del héroe bíblico impecable que no puede hacer ningún mal y cuyas víctimas merecen su castigo es inconsistente tanto con la vida real como con la Biblia.

Tamar, una sobreviviente, la terapia y autorreflexión, calma, lógica, son separadas de su abuso. Llorará de tristeza por la tragedia de otro, pero no puede llorar por su propia tragedia. Fantasear una experiencia en la que cualquier calidad redentora sea posible es cuestionable.

La violación como metáfora y la verdad profunda no pueden confundirse con la experiencia real de las mujeres. Formas más profundas de negación de la experiencia real de la mujer es de violación, horror y más terror. La violación es una violación de los territorios más privados del cuerpo y no sólo son privados sino sagrados.

Los perpetradores son expertos en guardar secretos y no dejar rastros. Sacrifica la experiencia de la víctima femenina, borrando su voz del mismo modo que la de Tamar fue silenciada.

Lamentablemente, la historia de Tamar sigue siendo moderna:

- ❖ Tamar fue agredida sexualmente, no por un extraño, sino por alguien que conocía.
- ❖ La violación tuvo lugar no en un callejón oscuro o en un parque desolado, sino por un miembro de su propia familia en su casa.
- ❖ Tamar fue tratada injustamente por el mal uso de sus rasgos más vulnerables, que eran su bondad y su conocimiento de la compasión por los demás.

❖ Tamar dijo que no, pero su decisión no fue respetada.

❖ Cuando Tamar buscó ayuda, le dijeron que guardara silencio.

❖ El proceso para lograr la justicia y la restitución fue sacado de sus manos por completo y su hermano se adueñó de tomar cartas en el asunto lo que luego se convirtió en mesa redonda para hombres.

❖ Al final, fue su agresor por quien su padre se lamentó, no por ella.

❖ El final de la historia de Tamar termina sin ella.

Tamar, su nombre significa Palmera. Una joven inocente, era ingenua ante el peligro y la amenaza de su propia familia. El sufrimiento de que su medio hermano la viera sólo como un objeto para su lujuria, destruyendo su futuro como resultado, y que su padre, el rey, no hizo nada para protegerla.

La hija de David, Tamar, era una hermosa joven. Sin duda estaba destinada a un matrimonio que fortalecería las alianzas políticas del rey. Aunque no estaba bajo llave, probablemente vivió una vida bastante protegida. Pero todas las precauciones en el mundo no pudieron salvarla del peligro que la amenazaba desde el círculo íntimo de David.

Amnón era el heredero de David. Como el hijo mayor del rey, estaba acostumbrado a salirse con la suya. Pero últimamente, vivía abatido. Algo le molestaba, lo hacía perder el sueño, perturbando su corazón.

Así que David, preocupado por su hijo, involuntariamente envió a su hija a una trampa que arruinaría su vida. ¿No sospechó nada o no sabía que algo raro estaba pasando?

Aunque David estaba furioso cuando se enteró de la noticia de que su hijo había violado a su hija Tamar, no hizo nada para castigar a Amnón.

¿Favoreció a su hijo por encima de su hija, pensando que su dolor era un asunto pequeño? ¿O su autoridad moral se vio tan comprometida por su deseo por Betsabé que simplemente no podía enfrentarse a su hijo mayor?

Sea cual sea el caso, Absalón no compartió las dudas de su padre. En su lugar, dejó pasar el tiempo, esperando una oportunidad de venganza. Dos años más tarde asesinó a Amnón.

Primero violación, luego asesinato. La casa de David fue devastada no por bárbaros fuera de la puerta, sino por aquellos dentro de su propia familia.

Después de la muerte de Amnón, David debe haber sido perseguido por la profecía anterior de Natán después del propio adulterio de David con Betsabé: Ahora, por lo tanto, la espada nunca se apartará de tu casa... Desde tu propia casa os voy a traer calamidad (2 Samuel 12:10-11).

Dios le dijo a David que la espada no saldrá de su casa por matar al esposo de Betsabé, Urías. La lujuria del padre fue reflejada por la del hijo; la violencia del padre, por el asesinato de un hijo hacia el otro.

Tamar, desprotegida por su padre, traicionada por su propio hermano, vivía en la casa de Absalón, una mujer desolada, sin posibilidad de matrimonio o hijos porque ya no era virgen. Así, una cadena de pecado tejió su camino a través de la familia de David, esclavizando a los inocentes junto con los culpables.

Los terribles hechos de la experiencia de Tamar, no sólo la violación en sí, sino el efecto que tuvo en su futuro y su bienestar emocional, no están muy lejos de las experiencias de muchas mujeres hoy en día.

Las estadísticas revelan un número asombroso de mujeres que han sido violadas por miembros de la familia cuando eran muy jóvenes.

Los efectos de esas experiencias pueden atormentar la existencia de una mujer, influyendo en sus relaciones con su marido, con amistades masculinos y femeninas, y con sus hijos.

La ayuda está disponible para aquellos que la buscan, pero la esperanza y la ayuda definitivas sólo se pueden encontrar en el amor y la aceptación que Dios ofrece tan voluntariamente (*la ayuda que necesita es tangible, no espiritual. Muchas víctimas no pueden ver a Dios en este momento. ¿Por qué dejó que pasara?*).

Su espíritu indulgente puede ayudar a que comience la recuperación (el dolor es insoportable; la recuperación no se percibe).

Su espíritu reconfortante (a medida que la rabia toma el control, el físico y el espíritu quebrantados no son aceptables/abiertos a la comodidad) pueden traer un bálsamo calmante al dolor del pasado (no puede sanar el pasado, duele demasiado en el presente).

Su presencia constante puede traer curación para la soledad (la víctima se siente no digna de nadie) y el desapego (sufrir en silencio. El aislamiento es lo que ayuda en ese momento) eso es lo que muchas víctimas sienten.

Planificación cínica y premeditación. El crimen pasional de obsesión: Estoy enamorado de Tamar. Amnón quería el premio sin pagar el precio.

Jonadab su primo le dice: vete a la cama y finge estar enfermo. El enemigo siempre está buscando que hacer.

- *Primera pista*: para que pueda mirarla mientras cocina y luego comer la comida de su mano. Discernimiento aquí me habría dicho que alguna trama se trae en mano.

- *Segunda pista.* Envía a todos fuera de aquí.

- *Tercera pista.* Trae la comida aquí a mi dormitorio.

Tamar le dice ¡Tal cosa no debe hacerse en Israel! Amnón ahora tiene conocimiento de la ley y viola la ley. No hay culpa de conciencia. Si no sabía la regla antes ahora la sabe y no tiene excusas. Tamar es consciente de la regla y aparentemente muy bien versada en la ley.

¿Qué hay de mí? ¿Dónde podría deshacerme de mi desgracia? Tamar en medio de su dolor evalúa su resultado al cuestionar su futuro dónde recibiría terapia y consejería.

Tamar le reclama al decirle: serás como uno de los necios malvados en Israel. En otras palabras, un sinvergüenza, canalla, desgraciado. Ella también está preocupada por Amnón el perpetrador y qué diría la gente sobre él.

Por favor, habla con el rey; no me impedirá estar casada contigo. Tamar en medio de su crisis de violación está dando una solución al violador.

Amnón la odiaba con intenso odio. ¿Habrá alguien que lo responsabilice?

Amnón le grita ¡Te levantas y te vas de aquí! Rechazada sin dignidad. La protesta de Tamar, su voz y su poder interrumpido abruptamente.

Tamar le responde Enviarme lejos sería un error mayor. Una vergüenza peor que la otra vergüenza. Esta situación sugiere que las leyes sobre la prohibición del incesto no están en vigor en ese momento o David eligió pasarlo por alto, o no se aplican a la *familia real*.

Tamar paso de llevar una túnica ricamente ornamentada a una mujer desolada. El final de un nuevo comienzo para Tamar. Este incidente cambió el resultado de lo que podría haber sido su legado en la historia.

Dos caras de la moneda. La mano que tapa y destapa.

El poder, el carácter y la vulnerabilidad de Tamar son lecciones de una verdadera víctima. Tamar se queda sin palabras durante los primeros 11 versos de la narración cuando finalmente a Tamar se le da voz. El narrador se asegura de presentar a los hombres correctamente por su nombre.

La primera vez que Tamar habla no es con carácter pasivo, sino que lucha agresivamente y le dice NO a su hermano y luego huye atormentada. ¡No hay nada divertido en ser violada!

Saca a esta mujer. Ahora Amnón se desconecta de lo que deshonró. Como si Tamar fuera la intrusa y perpetradora cuando la invitaron a cocinar y a no ser abusada. *Cenando con el Enemigo.*

Cierra la puerta detrás de ella. Como si fuera una criminal cuando el perpetrador era él. Era un pervertido con privilegios.

Su sirviente la sacó y atornilló la puerta. Jonadab el primo, un cómplice dispuesto para hacer mal.

La Escritura dice que llevaba una túnica adornada. O sea, nada que indique que estaba vestida provocativamente.

Su hermano Absalón. Por mucho que estuviera tratando de ayudar, no funcionó. No te preocupes. Es fácil decirlo cuando no fuiste tú, a quien violaron.

El rey David escuchó todo esto, estaba furioso, pero no lo suficientemente furioso como para preguntarle a Tamar que fue lo que pasó. Conflictos familiares. David amaba a su hijo Amnón más que a su única hija Tamar. Mientras que Absalón odiaba a Amnón porque había deshonrado a su hermana Tamar.

Absalón ha derribado a todos los hijos del rey. Absalón cuestionó el liderazgo de su padre porque no hizo nada sobre la violación de Tamar.

También, el rey y todos sus asistentes lloraron muy amargamente. ¡Qué insulto! ¡El rey y sus hombres lamentan la muerte del hijo, pero no el disgusto por su crimen, tampoco por la violación de su hija Tamar!

No tiene sentido mantener la paz, si se ha cometido un crimen. Esta historia no es de la ley del matrimonio, sino de la violación. ¡No hay necesidad de herramientas interpretativas especiales, la violación sucedió, sabemos quién lo hizo y la víctima está avanzando a la justicia!

Culpar a la víctima no es útil. ¡Las mujeres son el epítome de la sociedad, sin las mujeres, la sociedad se perdería!

Nuestras propias teologías deben abordar el problema de la violencia sexual estando susceptibles a la posibilidad de que pueda suceder; recursos disponibles para solucionar el problema.

Después de un incidente de este tipo, mantenga la integridad en su comunidad al hablar en contra de la traición, la violación y la violencia doméstica.

¿Cómo reflexiona sobre Dios una mujer abusada? Preguntándole, ¿dónde estabas cuando te necesitaba?

¿Cómo reflexiona sobre la justicia y la paz al cuestionar a un Dios de justicia? ¿Dónde estaba él cuándo necesitaba justicia y paz? Y esta es la realidad de muchas personas, no solamente las víctimas de abuso sexual.

Los recursos para abordar el problema de la violencia sexual u otro tipo de violencia se destinan a los recursos comunitarios locales necesarios para abordar el abuso sexual y la violencia doméstica. Las comunidades de fe deben aceptar que Dios no es la respuesta a todos los problemas humanos, nosotros debemos ser vasos terrenales para poder proporcionar las necesidades básicas en nuestras comunidades.

Pon atención y escucha, estoy llevando esta conciencia de esta pandemia de abuso sexual a la vanguardia porque es hora de que empecemos a hablar de este tema tabú que la mayoría de los líderes particularmente en los entornos de base de fe no están equipados para hablar de ello ni manejar este problema.

Nosotros, como líderes de nuestras comunidades, tenemos que empezar a hablar del hecho de que esto todavía está sucediendo en el mundo de hoy y que de la misma manera que sucedió en entornos religiosos hace miles de años, no ha desaparecido en esos mismos escenarios sino más bien es que sólo hemos aprendido una mejor manera de ocultarlo.

Si no puedes mantenerte firme, y enfrentarte a esta pandemia de agresión sexual, entonces no deberías liderar. Si no te sientes capaz de abordar esta forma de violencia, entonces seriamente necesitas repensar y reconsiderar si ese es tu llamado correcto y si esa es la función de líder correcta.

Esto es sólo una manera de empezar a involucrarse, tomar conciencia de las señales y hacer algo al respecto. Desear que desaparezca no lo va a resolver, orar para que desaparezca no lo va a resolver. Sin embargo, de manera proactiva e intencional hablando de ello en nuestras comunidades, alto y claro que ya no toleraremos el abuso sexual es el primer paso. *Sé fuerte. Sé claro. Sé preciso. Sé audaz.*

Lo siento por todas las Tamar y Dina que tuvieron que soportar una experiencia tan traumática. Hoy, elegí cambiar el final de tu historia. Te celebro, te amo, te valoro y te bendigo. Ya no cenizas, túnica desgarrada o desolada. ¡Eres una mujer valiente y fuerte aquí! Tamar, eras tan hermosa e inocente que tu belleza hablaba por sí misma. Eres apreciada y valorada.

CAPÍTULO 1
¡NI UNO LLORÓ POR TAMAR!

2 Samuel 13 Nueva Traducción Viviente

13 Ahora bien, Absalón, hijo de David, tenía una hermana muy hermosa llamada Tamar; y Amnón, su medio hermano, se enamoró perdidamente de ella. 2 Amnón se obsesionó tanto con Tamar que se enfermó. Ella era virgen, y Amnón pensó que nunca podría poseerla.

3 Pero Amnón tenía un amigo muy astuto, su primo Jonadab, quien era hijo de Simea, hermano de David. 4 Cierto día Jonadab le dijo a Amnón:

¿Cuál es el problema? ¿Por qué debe el hijo de un rey verse tan abatido día tras día?

Entonces Amnón le dijo:
Estoy enamorado de Tamar, hermana de mi hermano Absalón.
5 Bien dijo Jonadab, te diré lo que tienes que hacer. Vuelve a la cama y finge que estás enfermo. Cuando tu padre venga a verte, pídele que le permita a Tamar venir y prepararte algo de comer. Dile que te hará sentir mejor si ella prepara los alimentos en tu presencia y te da de comer con sus propias manos.

6 Entonces Amnón se acostó y fingió estar enfermo. Cuando el rey fue a verlo, Amnón le pidió: Por favor, deja que mi hermana Tamar venga y me prepare mi comida preferida mientras yo observo, así podré comer de sus manos. 7 Entonces David aceptó la propuesta y envió a Tamar a la casa de Amnón para que le preparara algo de comer.

8 Cuando Tamar llegó a la casa de Amnón, fue a donde él estaba acostado para que pudiera verla mientras preparaba la masa. Luego le horneó su comida preferida, 9 pero cuando ella le llevó la bandeja, Amnón se negó a comer y les dijo a sus sirvientes: Salgan todos de aquí. Así que todos salieron.

10 Entonces él le dijo a Tamar:
Ahora trae la comida a mi dormitorio y dame de comer aquí. Tamar le llevó su comida preferida, 11 pero cuando ella comenzó a darle de comer, la agarró y le insistió:
Ven, mi amada hermana, acuéstate conmigo.

12 ¡No, hermano mío! imploró ella. ¡No seas insensato! ¡No me hagas esto! En Israel no se hace semejante perversidad. 13 ¿Adónde podría ir con mi vergüenza? Y a ti te dirán que eres uno de los necios más grandes de Israel. Por favor, simplemente habla con el rey, y él te permitirá casarte conmigo.

14 Pero Amnón no quiso escucharla y, como era más fuerte que ella, la violó. 15 De pronto, el amor de Amnón se transformó en odio, y la llegó a odiar aún más de lo que la había amado.
¡Vete de aquí! le gruñó.

16 ¡No, no! gritó Tamar. ¡Echarme de aquí ahora es aún peor de lo que ya me has hecho!

Pero Amnón no quiso escucharla. 17 Entonces llamó a su sirviente y le ordenó:

¡Echa fuera a esta mujer y cierra la puerta detrás de ella!

18 Así que el sirviente la sacó y cerró la puerta detrás de ella. Tamar llevaba puesta una hermosa túnica larga,] como era costumbre en esos días para las hijas vírgenes del rey. 19 Pero entonces, ella rasgó su túnica y echó ceniza sobre su cabeza y, cubriéndose la cara con las manos, se fue llorando.

20 Su hermano Absalón la vio y le preguntó: ¿Es verdad que Amnón ha estado contigo? Bien, hermanita, quédate callada por ahora,

ya que él es tu hermano. No te angusties por esto. Así pues, Tamar vivió como una mujer desconsolada en la casa de su hermano Absalón.

21 Cuando el rey David se enteró de lo que había sucedido, se enojó mucho. 22 Absalón nunca habló de esto con Amnón, sin embargo, lo odió profundamente por lo que le había hecho a su hermana.

23 Dos años después, cuando se esquilaban las ovejas de Absalón en Baal-hazor, cerca de Efraín, Absalón invitó a todos los hijos del rey a una fiesta.

24 Él fue adonde estaba el rey y le dijo:
Mis esquiladores ya se encuentran trabajando. ¿Podrían el rey y sus siervos venir a celebrar esta ocasión conmigo?

25 El rey contestó:
No, hijo mío. Si fuéramos todos, seríamos mucha carga para ti.
Entonces Absalón insistió, pero aun así el rey dijo que no iría, aunque le dio su bendición.

26 Bien le dijo al rey, si no puedes ir, ¿por qué no envías a mi hermano Amnón con nosotros?
¿Por qué a Amnón? preguntó el rey.

27 Pero Absalón siguió insistiendo hasta que por fin el rey accedió y dejó que todos sus hijos asistieran, entre ellos Amnón. Así que Absalón preparó un banquete digno de un rey.

28 Absalón les dijo a sus hombres:
Esperen hasta que Amnón se emborrache; entonces, a mi señal, ¡mátenlo! No tengan miedo. Yo soy quien da la orden. ¡Anímense y háganlo!

29 Por lo tanto, cuando Absalón dio la señal, mataron a Amnón. Enseguida los otros hijos del rey montaron sus mulas y huyeron.

30 Mientras iban de regreso a Jerusalén, a David le llegó este informe: Absalón mató a todos los hijos del rey, ¡ninguno quedó con

vida! 31 Entonces el rey se levantó, rasgó su túnica y se tiró al suelo. Sus consejeros también rasgaron sus ropas en señal de horror y tristeza.

32 Pero justo en ese momento, Jonadab el hijo de Simea, hermano de David, llegó y dijo:

No, no crea que todos los hijos del rey están muertos, ¡solamente Amnón! Absalón había estado tramando esto desde que Amnón violó a su hermana Tamar. 33 No, mi señor el rey, ¡no todos sus hijos están muertos! ¡Solo murió Amnón!

34 Mientras tanto, Absalón escapó.
En ese momento, el centinela que estaba sobre la muralla de Jerusalén vio a una multitud descendiendo de una colina por el camino desde el occidente. Entonces corrió y le dijo al rey:

Veo a una multitud que viene por el camino de Horonaim por la ladera de la colina.

35 ¡Mire! le dijo Jonadab al rey. ¡Allí están! Ya vienen los hijos del rey, tal como dije.

36 Pronto llegaron, llorando y sollozando. Entonces el rey y todos sus siervos lloraron amargamente con ellos. 37 Y David hizo duelo por su hijo Amnón por muchos días. Absalón huyó adonde estaba su abuelo Talmai, hijo de Amiud, rey de Gesur. 38 Se quedó en Gesur por tres años. 39 Y el rey David, ya resignado de la muerte de Amnón, anhelaba reencontrarse con su hijo Absalón.

CAPITULO 2
¿HABRÁ UNA TAMAR EN LA CASA?

Esta historia de la Biblia rara vez se escucha en las iglesias cristianas y rara vez se lee para cualquier otra ocasión pública.

Sin embargo, esta historia necesita ser escuchada, y el público necesita estar en una mentalidad de investigación crítica o seremos engañados tanto en la forma en que tradicionalmente se nos ha enseñado a escuchar un texto bíblico sin un ojo crítico como la palabra de Dios y el propio punto de vista del narrador como el verdadero y único relato de la historia, sin desafiar el punto de vista del intérprete o narrador, sobre todo cuando parece ser sólo una versión de la verdad.

Siempre que un narrador de la historia de cualquier siglo parece presentar intencionalmente o no una objetividad neutral, los oyentes son atraídos a aceptar la versión del narrador de la historia como la única versión de la verdad. Los lectores, a menos que estén vigilantes, no cuestionan los prejuicios del autor y los aceptan sin reflexión. En la narración de la historia de Tamar, ¿a quién se nos podría llevar a creer?

El narrador de 2 Samuel 13 a veces retrata la situación de Tamar dolorosamente suscitando nuestra simpatía por la víctima femenina. Pero la mayor parte del relato del narrador que parece ser un hombre, nos dirige hacia el interés primario e incluso hacia la simpatía por los hombres que la rodean. Incluso el luto de la humillación de Tamar se extrae con el propósito principal de justificar el asesinato posterior de Amnón por Absalón y no por su propio bien.

El narrador alinea su primera perspectiva con el hermano de Tamar, Absalón, afirmando que ahora Absalón, el hijo de David, tenía una hermana hermosa, cuyo nombre era Tamar (2 Sam. 13:1), ubica a Tamar en referencia a su hermano Absalón, y en segundo lugar a David, pero no ante todo como una persona por derecho propio. La frase dice inmediatamente y después de un tiempo Amnón, el hijo de David, la amó. Tamar se encuentra metida entre Absalón y David y Amnón y David.

La acción de la historia no comienza con Tamar, Absalón o David, sino con Amnón, porque *amó* fue el primer verbo usado para indicar cualquier intención con su perspectiva.

Aparentemente, los lectores se ven atraídos desde el principio a su problema, el de un amor que no era correspondido, tan abrumador que le ha hecho enfermo de amor. ¿Qué clase de amor recurre tan rápidamente a la violación? Esto no es amor, sino una lujuria para tomar posesión, un deseo temporalmente frustrado de dominar, controlar y poseer.

El uso mismo de la palabra *amor* traiciona una falta impresionante de empatía por la víctima y una ausencia completa de una comprensión de la diferencia entre la relación con una persona frente al ser dueño de la propiedad.

En 2 Samuel 13:3-5, podemos ser atraídos a tener más simpatía por el violador porque estamos destinados a ver cómo él está convencido en un complot contra su hermana por su primo que es descrito como un hombre muy astuto, o como algunos comentaristas prefieren, sabio. Se usa un término neutral para no describir a Jonadab como malo. En las palabras de los rabinos, es sabio porque sabe hacer el mal.

También se le describe como un amigo, usando la misma palabra que se usaba para significar padrino en una boda. Por lo tanto, se convierte en agente pervertido de citas amorosas, y se permite al menos parcialmente a los lectores desviar la culpa por el acto de violación a este instigador antagonista.

Amnón, el perpetrador, comienza a parecerse al protagonista de una tragedia clásica y griega.

Básicamente se nos lleva a creer que una buena persona, incluso superior que es noble por nacimiento y que por un defecto trágico que es el de su amor por su hermana, ¿ciega su razón y auto-moderación? ¿Su ingenuidad y susceptibilidad de la persuasión están arruinadas? En consecuencia, el perpetrador se convierte en víctima y es lo que provoca nuestra simpatía.

En 2 Samuel 13:6-19, el incidente de violación se cuenta con suspenso. Al parecer, el propio padre-rey es engañado para que sea cómplice del crimen al ordenar a la víctima que vaya a visitar al perpetrador, irónicamente jugando un papel como el de Urías en la historia de David y Betsabé (2 Sam. 11-12).

Luego dos veces escuchamos las protestas de la víctima, pero él no quería escucharla, una vez antes del acto de violencia sexual (14) y de nuevo inmediatamente después (16).

También se nos habla del acto específico de violencia sexual. Siendo más fuerte que ella, él la obligó y se acostó con ella (14). Aquí se puede argumentar que ya Amnón no está presentado en una luz simpática. Ha sido conducido por Jonadab al umbral de oportunidades para este crimen. Sin embargo, sus acciones son sin duda las suyas.

Es evidente que la simpatía por Tamar no es el interés principal del narrador. Las contundes de la opresión de Tamar no se extrae para iluminar su dolor, sino para justificar la ira de Absalón contra Amnón y su asesinato posterior de él.

Si su fuerza fue llamada a cuentas, entonces ella debe haber estado resistiendo físicamente, así como protestando verbalmente, incluso luchando lo más fuerte que pudo. La historia aquí no dice toda la verdad ni como mínimo que debe haber sido que Amnón, la contuvo con sus fuerzas, la empujó o la tiró, la restringió y la violó.

Estos son probablemente los más simples y mínimos hechos de la historia; tan impactantes e incluso ofensivas como para ver estas palabras tan crudamente por escrito y aún más considerando nuestro condicionamiento sobre lo sagrado y la llamada belleza de la Biblia como la palabra de Dios. ¿Es dramática la brevedad de esta oración o es minimizada, mundana e incluso indemne? Decir menos puede llevar a creer tanto el terror como el dolor insoportable de la experiencia de esta joven y virgen víctima.

Después de la violación, el narrador continúa informando que Amnón la odiaba con un odio muy grande, de modo que el odio con el que la odiaba era mayor que el amor con el que la había amado (2 Sam. 13:15). La historia continúa informando el punto de vista del violador, los pensamientos y sentimientos después del incidente de violencia, pero el punto de vista de la víctima no se presenta.

Tal vez ahora, por primera vez, el violador, después de haber cumplido su fantasía, ve a la verdadera mujer a la que victimizó, magulló, abusó y horrorizó.

En lugar de admitir su angustia a sí mismo él se fortifica en su negación al odiarla y ordenarla fuera de su vista y, presumiblemente, fuera de su conciencia. No se nos da ninguna indicación de que haya vuelto a pensar en ella, incluso ni en términos de miedo a las represalias ni el castigo.

La víctima protesta de nuevo, esta vez por ser echada fuera de la casa en desgracia, pero de nuevo no la escucharía (2 Sam. 13:16). Ella es entonces más humillada y degradada por el insensible llamado al sirviente del violador para echarla fuera y cerrar la puerta detrás de ella. ¿Qué vamos a pensar de la negativa de la víctima a no querer irse? Aquí tenemos que tener cuidado de no culpar a la víctima con tales declaraciones como: ella realmente lo quería y esta es la prueba de que todo ese tiempo estuvo realmente enamorada de él.

No hay duda que ella estaba sufriendo. Pero después de la violación, ella expresaba legítimo terror cultural de estar avergonzada y echada fuera de la comunidad por completo como bienes dañados. Compare esto con el *robo* de Betsabé por parte del rey David (2 Sam. 11:1-13).

El acto de David no se describe como un crimen contra la persona de Betsabé, sino como un crimen de robo de propiedad y asesinato contra Urías quien fuera su primer dueño y esposo, por un usurpador que no es autorizado; comparado por Natán el profeta de David con el robo de una oveja del redil de otro hombre (12:1-15). En el mejor de los casos, Tamar podía esperar un matrimonio con alguien que su padre escogiera que también podría agredirla de la manera que quisiera como su propiedad, pero al menos ella tendría el poco honor que se le daba a las mujeres casadas de la comunidad. El rey David no lloró por ella ni la casó con alguien de su elección para establecer el poco honor que quedaba en Tamar.

Ella también expresa esta perspectiva en sus primeras palabras de protesta ante la violación cuando ella le dice a Amnón: habla con el rey, porque él no me negaría a usted (13:13). Sus palabras son honestas y desgarradoras; reconoce la servidumbre femenina. Tamar sabe que Amnón puede tenerla, pero suplica que lo haga correctamente.

En hebreo y otras culturas antiguas, tener relaciones sexuales con una mujer, ya sea por la fuerza o no, era una medida justa y honrada de declarar un compromiso y probablemente habría sido aceptado como un compromiso por el rey, si el perpetrador hubiera asumido adecuadamente su propiedad y responsabilidad sobre la víctima.

A pesar de que su nueva situación después de la violación no era comparable con un matrimonio de amor mutuo, Tamar sabía que la alternativa a la desgracia y la desolación era invocar leyes antiguas que le dieran al menos algunos derechos. Un hombre que sedujo a una virgen debía convertirla en su esposa pagando el precio de la novia (Ex. 22:16-17) y no podía desecharla nunca, ni divorciarse de ella como en el caso de un matrimonio normalmente arreglado, porque él la forzó (Deut. 22:28).

En general, dondequiera que las mujeres son consideradas como propiedad, su ser violadas y golpeadas sigue siendo un hecho común. En ese contexto, el honor público puede ser lo único que queda en sentido básico del valor de una mujer. Antes de la violación, Tamar era una princesa que cuya virginidad era una mercancía valiosa y podría haberle asegurado una vida segura con un protector rico y poderoso contra otros violadores masculinos.

Pero ahora, si este violador no la reclama después de usarla, ningún otro hombre la querrá. En el mejor de los casos, podía obtener refugio de otro hermano, pero sin estatus y sin hijos que era la otra medida principal del valor de una mujer además del poder de su marido.

Este error de enviarla lejos fue mucho peor a largo plazo que el error de la violación, porque tuvo consecuencias devastadoras para toda la vida. Las heridas físicas, incluso psicológicas del trauma de la violación en sí podrían finalmente sanar o podría quedar adormecida después de repetidas violaciones y golpes maritales que ella y la comunidad a su alrededor simplemente podrían aceptar como parte normal de una vida matrimonial.

Pero la expulsión de la comunidad podría significar la muerte y el destierro como un producto defectuoso. Sin la protección de un hermano u otro miembro masculino de la familia, estaría expuesta a más violencia sin nadie que cuidar y sin honor para vengarse, consignada a una amarga vida de pobreza que sería cruel y corta.

Después de que Tamar fuera forzada fuera de la habitación, el conmovedor narrador brevemente relata su llanto en voz alta (2 Sam. 13:19), y la perspectiva de la historia cambia del violador al hermano de la víctima, y secundariamente a toda la compañía de hombres que estaban en la corte del rey.

Primero que nada, Absalón el hermano de la víctima minimiza lo que pasó. No le preguntó, ¿te violó Amnón? sino, ¿tu hermano Amnón ha estado contigo? (20). Su hermano Absalón le dice a la víctima que mantenga el incidente en silencio.

Incluso él le dice que suprima sus sentimientos, *él es tu hermano*; no lo tomes en serio (20). Aparentemente, a ella no se le pregunta ni siquiera de su propio coraje ni es consolada de ninguna manera.

Se dice que el rey David está muy enojado (13:21), pero no se ve ninguna comunicación entre él y su hija víctima. Su ira no es más probable que sea por simpatía con ella sino más bien es la ira por la violación y devaluación de su propiedad.

Porque era su propiedad para deshacerse de ella como él quisiera sea que decida regalarla o cambiarla por una alianza favorable política.

Su hijo era un despojador, no principalmente de la personalidad de su hija, sino de sus propios intereses de propiedad porque una de sus mayores compensaciones políticas ha sido devaluada. Esto fue una triple derogación de sus derechos, no solo un acto de robo de propiedad, sino un acto de deslealtad familiar de hijo contra un padre, y traición política de un sujeto y heredero contra su rey.

Tamar terminó una mujer desolada en la casa de su hermano Absalón (13:20). La palabra *Somema* es hebrea para desolada, es conmovedora, se utiliza para referirse a una tierra que es desechada, y contiene no solo abandono social y la desolación psicológica, sino también su destino de estar sin hijos, lo que es otro golpe para el honor de una mujer.

Aunque la historia continúa por diecinueve versículos más, aproximadamente la mitad del capítulo, no oímos más de Tamar. El resto de la historia muestra las maquinaciones de los hombres, el complot de venganza contra el violador, la confusión y dispersión de todos los hijos del rey, y las noticias al rey.

Luego concluye con el duelo general no sobre Tamar, sino sobre su violador, y la huida de Absalón el hermano de Tamar que no casualmente, sino que con Amnón fuera del camino, es ahora el primero en sucesión al trono de David.

En los siguientes capítulos, el narrador continúa para describir el regreso de Absalón a la corte del rey, su aumento de popularidad con el pueblo y, finalmente, el golpe fallido de estado contra el rey que resultó en la muerte de Absalón y uno de los más conocidos lamentos de la Biblia.

El llanto de David, ¡mi hijo, Absalón, mi hijo, mi hijo Absalón! ¡Habría muerto en vez de ti, oh Absalón, hijo mío, hijo mío! (2 Sam. 19:1).

No es difícil preguntarse ¿por qué David tuvo este conmovedor grito por su hijo, pero no por su hija Tamar, que fue violada? Entonces, toda la historia de Tamar, Amnón y Absalón, termina con una verdadera y desgarradora oleada de dolor para este segundo hijo.

Mientras tanto, la voz de Tamar se pierde.

Tamar posiblemente murió muchos años después de la agresión sexual y nunca vivió para ver este giro de los acontecimientos. Absalón nombró a su única hija después de ella (2 Sam. 14:27), y por lo menos en algunas tradiciones posteriores judías, tal denominación solo se hace en memoria de un pariente fallecido.

Independientemente de los pensamientos y sentimientos de Tamar, ya fuera su deseo de venganza o reconciliación o algún tipo de restitución, el poder de actuar fue extraído de sus manos.

Aterrorizada, traicionada y, lo más probable, herida físicamente por la violación, y luego avergonzada y consignada a una vida de desolación, ella estaba más desempoderada por el hermano que se expropió a sí mismo el derecho a vengarla como él lo consideraba apropiado y el padre-rey remoto que se quedó fuera de todo el asunto, sólo ocasionalmente siendo engañado, simplemente porque ni estaba atento y en complicidad primero con la violación y luego con la venganza.

Este relato de la historia de Tamar es la historia de los hombres, narrada desde un punto de vista patriarcal. En palabras de un comentarista, Tamar es la figura trágica del drama.

Pero, en el contexto general, es simplemente una figura subsidiaria cuyo destino solo es importante para la luz que arroja sobre la lucha entre los dos hijos mayores del rey y sus consecuencias adicionales para la historia del reino de David.

Judith Todd, una erudita bíblica, señaló un tema de justicia directamente relacionado con la propia experiencia de Tamar. Tamar suplica que estas cosas no se hacen en Israel. ¿Lo que entonces plantea la pregunta de cómo es que se hacen las cosas en Israel? ¿Realmente la monarquía es mejor que el sistema de justicia anterior?

Todd hace referencia a las conexiones literarias de la violación de Tamar con la violación de la concubina de los levitas en el libro de Jueces 19, apuntan a la cuestión de la justicia en Israel.

Si las implicaciones de Jueces 19, son que los hechos fueron el resultado del hecho de que la monarquía, que idealmente garantizaba la justicia, la ley y el orden, no se había establecido todavía, entonces la defensa de Tamar a Amnón y la violación subsiguiente plantean la cuestión de la justicia dentro de la propia monarquía temprana.

En este comentario, Todd no solo plantea la cuestión de la justicia directamente relacionada con Tamar, señalando el paralelo con la violación de pandillas y el asesinato de la concubina de los levitas en Jueces 19, sino que también destaca el consejo de Tamar, restaurando a Tamar el estatus de una mujer inteligente.

Tamar no solo debe haber sido bien versada en los detalles de la ley, sino también extremadamente astuta políticamente e ingeniosa en medio de crisis y trauma.

Sin embargo, Tamar no sólo es despojada de los muchos actores; su hermano violador, su conspirador, su hermano vengador, su padre, todos los otros hermanos y otros hombres en la corte del rey que lamentaban la muerte de sus hermanos, pero no la de ella.

Pero también, por medio del narrador que no puede ver su punto de vista y todos los traductores y comentaristas, antiguos y modernos que extienden la minimización y negación del acto violento de la violación en sí.

Incluso nuestra propia falta de atención a las formas en que el narrador nos guía sutilmente a no tomar el punto de vista de Tamar, sino primero a su violador, luego al de su hermano, y finalmente a su padre rey que obstruye la voz de Tamar.

Los eruditos de la Biblia a menudo están condicionados a buscar siempre una moral a la historia y luego son conducidos a concluir la moral que el narrador particular quiere. Si es bíblico, muchos asumen que establece un comportamiento normativo.

Por ejemplo, si un delito es enmarcado como una violación de propiedad, mejor que el de una persona, los lectores probablemente aceptarán esa enmarcación como correcta.

¿Por lo tanto, es todo lo que es llamado Santo en la Biblia para ser aceptado sin la reflexión? ¿Está por encima del escrutinio el marco de referencia del narrador de que las mujeres no son personas, sino que son propiedades?

Por eso no basta con decir que se trataba simplemente del prejuicio cultural e histórico, mientras se sigue leyendo el texto desde el punto de vista de los violadores y simpatizando implícitamente con él.

Mientras ignoremos el dolor de la víctima o no preguntemos al respecto, no hemos localizado la verdad del texto, considerando que como eruditos bíblicos de la Biblia tenemos la responsabilidad de hacerlo.

Algunos estudiosos pueden argumentar que el tratamiento de las mujeres como propiedad era simplemente una realidad cultural de los tiempos bíblicos, y que no podemos leer en el texto una conciencia acerca de la igualdad y la personalidad de las mujeres que entonces no existían.

Por supuesto, habiendo verdad en este argumento que no podemos afianzar al narrador bíblico con la perspectiva de una época mucho más tardía.

Sin embargo, hay objeciones a este pensamiento. Sin duda, en primer lugar, la única voz grabada de que disponemos es la de los hombres que, implícitamente, perdonaron y estuvieron incrustados en la visión cultural de la mujer como propiedad.

Incluso, cuando miramos más allá de la historia para ver si escuchamos otras voces de las mujeres para obtener sus perspectivas, encontramos que el libro de Ester y Rut no fueron escritos por estas mujeres, sino por los hombres.

Lo que incita a preguntar:

• ¿Aceptaron las mujeres de la época ese punto de vista, o simplemente no tuvieron otra opción, acceso al poder y privilegio para que se les concediera una voz?

- ¿El valor de las mujeres como propiedad anula la experiencia de las mujeres de su dolor físico y emocional de violación y el terror de ser asesinadas o expulsadas?

- ¿El silencio frecuente de las mujeres en la Biblia implica acuerdo o simplemente exclusión?

Sin embargo, en el texto que tenemos, la voz de Tamar es al menos escuchada, y ella de ninguna manera está de acuerdo con la violencia de Amnón. Antes de ser silenciada, protesta con palabras, resistencia física, y después de la violación, protesta de hecho al clamar públicamente su vergüenza.

En segundo lugar, en la medida que simplemente aceptamos la parcialidad del narrador como tiempo y cultura, en lugar de examinarla críticamente y desafiarla, corremos el riesgo de ser cómplices de ella.

Podemos olvidarnos de cuestionar y absorber críticamente su interpretación de la historia como la verdad, en lugar de una de las muchas verdades posibles. Especialmente donde los prejuicios culturales del narrador pueden ser compatibles con los nuestros.

Si tales historias en la Biblia sirven para subyugar a las mujeres como propiedad, entonces ¿por qué queremos leerlas? ¿Por qué se les debe dar honor en la ley bíblica?

Creo que esas historias pueden ser instructivas, aunque nunca totalmente redimidas, en el sentido que de alguna manera el propio punto de vista del narrador puede insertarse como un punto válido y moral de la historia.

Debemos leer los textos históricos como historia con plena conciencia de que toda la narrativa histórica está sesgada. Nuestro deseo como cristianos de leer todas las narrativas históricas en la Biblia como parte de la historia de la salvación entra en conflicto con la comprensión de que muchas voces están excluidas de esa historia.

Por ejemplo, nos faltan las voces de las mujeres, los niños y los diferentes grupos étnicos que no fueron contados como ejemplos victoriosos de la reivindicación de los justos por parte de Dios, a pesar de que muchas de esas voces fueron parte del proceso, objetivo y meta.

Los problemas de Tamar son perdidos, sumergidos en la gran confusión de esfuerzos políticos y masculinos que se arremolinan todos alrededor de ella.

Sin embargo, el poder y la política no son todo lo que se relaciona en el texto. Las historias bíblicas del libro de Samuel juntas mezclan realismo político, un retrato complejo del propio David como un foco central, y un relato de la Providencia divina en una fusión con la Providencia de Dios como un tema central.

Si la mano de Dios era de alguna manera favorable en la destrucción de Absalón el hijo usurpador de David, y si la historia de Amnón y Tamar era solo un descarrilamiento para el ascenso de Absalón al poder, y si este ascenso al poder fuese aplastado como una demostración de la fidelidad de Dios a la preservación de la monarquía Davídica, entonces ¿dónde estaba este mismo Dios de Providencia para Tamar? ¿Dónde estaba Dios para Betsabé? ¿Dónde estaba para la concubina del levita?

Afirmar que la Biblia contiene todas las cosas necesarias para la salvación, no es afirmar que cada historia bíblica deletrea la salvación para todas las personas. Cada historia necesita ser medida en contraste conceptual con la totalidad de la Escritura, no en aislamiento.

En particular, la perspectiva parcial de ciertas narrativas históricas y la moral de esas historias implícitas por su narrador debe medirse con el tema más amplio tanto en las Biblias hebreas como cristianas de justicia para los pobres, los huérfanos, los viudos, y los vulnerables, contra la ética del cuidado del extraño y del peregrino, y contra el tema general del amor al prójimo como a uno mismo.

El Poder interior y poder con son formulaciones de poder destinadas a personificar la mutualidad, la justicia, la responsabilidad y el cuidado.

El poder interior es el poder de la propia sabiduría interior, intuición, autoestima e incluso la chispa de lo divino.

La teología que valora el poder interno es la personificación gozosa, celebrando la bondad inherente o la bendición original implantada en el ser humano, ni preocupada por el pecado humano sino más bien por la bondad y la inspiración humana.

En sentido etimológico de la palabra en-theos, Dios dentro, es una teología entusiasta.

Tamar demostró claramente este poder otorgado por Dios cuando resistió el ataque de Amnón. En su valoración de sus propios poderes de la razón, su argumento sabio y en sus intentos de restaurar cierta dignidad y respeto incluso después de que ocurriera la violación.

Tamar se mantuvo fiel a su propio centro espiritual y a su propio conocimiento de su valor cómo ser humana. Así mismo, ella manejó esto mientras Amnón estaba tratando implacablemente de reducirla a la condición de un objeto.

En su dolor, Tamar se respetó con un acto de resistencia. Ella rasga su túnica y pone cenizas sobre su cabeza. Salió llorando en voz alta para que el mundo supiera de su inocencia, su indignación y su dolor.

El *Poder con* ellos lleva la dignidad del poder dentro de una relación. El poder con es el poder de un individuo para tender la mano de una manera que no se niega ni a sí mismo ni a otros. Poder con valora la mutualidad sobre el control y funciona por negociación y consenso.

Es la formalidad fiel y constante de Tamar cuando se relaciona con su padre y sus hermanos como señores, a pesar de estar en peligro, objetivados, inauditos y abandonados por ellos, lo que caracteriza su postura relacional como una de *Poder con ellos*.

Aunque sus opciones estaban limitadas por su tiempo y cultura, se acercó a ellos con dignidad y las dignificó en todas sus respuestas.

La violación de la relación correcta radica en la negativa de estos hombres a cumplir con su poder con la postura en la mutualidad. Cuando ella trajo el *Poder con* ellos, la enfrentaron con *Poder sobre* ella.

Fue silenciada por los hombres de su familia y por el historial. Pero su compromiso con un tipo diferente de mutualidad en relación con ellos nunca fue completamente borrado.

CAPÍTULO 3
TAMAR: VIOLACIÓN Y VENGANZA

Repasemos los secretos escandalosos de la familia del rey David. Absalón hijo de David tenía una hermana hermosa quien se llamaba Tamar y Amnón hijo de David se enamoró de ella. Amnón tiene un primo, un cómplice corrupto llamado Jonadab. Un día le preguntó a Amnón ¿por qué estaba deprimido? Amnón le dijo que estaba enamorado de Tamar, la hermana de su hermano Absalón. Jonadab le dijo que se acostara y fingiera estar enfermo.

El rey David vino a verlo y Amnón le dijo al rey que quería que su hermana Tamar fuera a preparar una comida delante de él y que sé la sirviera. David envió un mensaje a Tamar para ir a preparar algo de comida para su hermano Amnón.

Tamar fue y cocinó para Amnón, sirvió la comida, pero Amnón se negó a comer y ordenó a todos los que estaban que se fueran. Después de que todos se fueron, Amnón le dijo a Tamar, tráeme la comida y dame de comer.

El narrador en esta historia no describe el estado mental de Tamar cuando se acerca a la casa de Amnón. Sabemos que su padre David el rey la envió y ella obedeció. ¿Sospecha Tamar los motivos de Amnón? ¿Se pregunta por qué su padre es ajeno a cualquier posible peligro para ella? No lo sabemos.

Tamar puede ser demasiado inocente para saber que la preparación lenta de un plato puede ser muy sensual, y una especie para hacer juego erótico. La lujuria de Amnón por Tamar se intensifica mientras mira sus movimientos elegantes desde su cama.

Cuando Tamar fue a servirle, la agarró y le dijo: ven acuéstate conmigo, hermana. Pero ella le dijo: ¡No hermano! ¡No me obligues, esas cosas no se hacen en Israel! ¡No hagas una cosa tan cruel! ¡Y en cuanto a ti serás visto como uno de los sinvergüenzas en Israel! Por favor, habla con el rey; no me negará a ti. Pero él no la escuchaba; él la dominó y la obligó a acostarse con él.

Como la mayoría de las mujeres en la misma difícil situación, Tamar carece de la fuerza física para escapar de su atacante, y ella depende de su sabiduría, esperando persuadir a su violador para que reconsidere.

Ella argumentó y suplicó, recordándole sus vínculos familiares. Ella lo llama y le dice, mi hermano.

Ella le insta a reconocer su herencia compartida moral. Tamar se aferra a cualquier estrategia para defenderse de Amnón, aunque sólo sea para ganar tiempo, pero fracasa y ocurre lo inevitable.

Amnón violó a su hermana con fuerza bruta en lo que debe haber sido un terrible y doloroso calvario.

Tamar le ruega que no empeore el mal de la violación que acaba de ocurrir al deshacerse de ella que es el equivalente a ser desechada. Ella le rogó, que por favor no la enviara lejos, haciendo eso sería peor que el primer mal que cometió contra ella.

¿Te imaginas pensar que el ser expulsado o despreciado era peor que una violación? Pero Amnón convocó a su siervo y le dijo que sacara a esa mujer de su presencia y cerrara la puerta detrás de ella.

Amnón sintió un gran odio por ella y su odio por ella era mayor que la pasión que había tenido para ella. Él proyecta su propia repugnancia sobre ella. Además, despersonaliza a Tamar al referirse a ella como esa mujer. La víctima se vuelve detestable ante los ojos del agresor.

Mientras que la ley bíblica ofrece la compensación del matrimonio a la víctima de violación, una virgen abandonada por su violador se convierte en una vagabunda con la que nadie se degradará para casarse. Tamar llevaba una ornamentada túnica para las princesas solteras que habitualmente estaban vestidas con tales prendas.

Una vez afuera de la puerta cerrada, Tamar puso cenizas en su cabeza y rasgó la ornamentada túnica que llevaba; ella puso sus manos en su cabeza y se alejó, gritando fuerte mientras se marchaba.

Su hermano Absalón inmediatamente sospechó lo que ha pasado y pregunta, ¿fue tu hermano Amnón quien te hizo esto? Por ahora, hermana, guarda silencio sobre esto; él es tu hermano.

Esta es la excusa y la invalidación de la violación. Mientras tanto, Tamar permaneció en la casa de Absalón, abandonada y desolada.

Cuando el rey David se enteró de todo esto, estaba enormemente disgustado. Tamar comienza a llorar por todo lo que ha perdido, la angustia desagradable, la humillación y el dolor que tiene que tolerar ella como víctima a causa de la violación.

Ella sabe que a los ojos de su comunidad ella está contaminada. Tamar queda aturdida por el giro inmediato en su estado.

Entró en la casa de su hermano Amnón como una princesa preciada que vive una vida encantadora, pero deja esa casa ni mejor que una ramera, utilizada y descartada por su violador.

Ella desgarra su ornamentada túnica que lleva la sangre virginal de su humillación, mientras va lamentándose por el camino a su casa se tambalea, aferrándose a su túnica de princesa la sostiene alrededor de su cuerpo desgarrado y dolorido.

El corazón de Absalón está oscuro de odio. Comienza a planificar su venganza y su amonestación a su hermana para guardar silencio es terrible, cuando le dice guardar silencio por ahora. Absalón tomará el asunto en sus manos, pero Tamar no está consolada.

Bajo el techo de la casa de Absalón ella sufre desolación, frente a un futuro incierto y terrible. Cuando su padre se entera de lo que ha sucedido, él está muy molesto, pero aparentemente no hace nada.

La descripción es extremadamente problemática.

- ¿Está indignado David de que su hija ha sido violada?
- ¿Qué el violador es su hijo y el medio hermano?
- ¿Qué fue su padre el que la puso en una situación
- comprometedora que arruinó su vida?
- ¿Qué fue su propio padre el que nunca reconoció el peligro al que se enfrentaba ella?
- ¿O se da cuenta de que la ira, la desconfianza y la violencia son las caídas de su familia?

Pero lo que debe pesar en su mente es que el hijo que sucumbe a la violación y el incesto es el que se espera que herede el trono. Permanece en silencio mientras su familia se precipita hacia la calamidad.

Dos años después, cuando Absalón tenía sus rebaños cizallados en Baal-hazor cerca de Efraín, Absalón invitó a todos los hijos del rey. Absalón se acercó al rey y dijo, tu siervo está cortando sus rebaños. ¿Me gustaría que su Majestad y sus guardaespaldas acompañaran a tu siervo?

David respondió: No, mi hijo, no todos debemos ir. Absalón dijo: Pues dile a mi hermano Amnón que venga con nosotros. Aunque David dijo que no, Absalón insistió y entonces David envió con él a Amnón y a todos los demás nobles del rey.

La creciente hostilidad entre David y su hijo Absalón por la violación de Tamar se está haciendo evidente. David trata instintivamente de proteger a Amnón, o está negando las consecuencias desastrosas de su propio fracaso por no mantener a Tamar fuera de peligro.

En cualquier caso, no protege a su hijo, del modo que no pudo proteger a su hija dos años antes. Absalón ordena a sus sirvientes que vean a Amnón y lo maten cuando esté borracho de vino.

El sirviente ha cumplido la orden de Absalón. Todavía estaban en la carretera cuando llegó el rumor que Absalón había matado a todos los hombres del rey y que ninguno de ellos había sobrevivido. Después de que David oyera esto se rasgó la ropa y se tiró al suelo y todos sus nobles también se quedaron con la ropa rasgada.

Jonadab, quien originalmente aconsejó a Amnón sobre cómo atrapar a Tamar, interviene y sugiere con entusiasmo a David que todos los jóvenes nobles no han sido asesinados, solo Amnón está muerto. El mensaje subyacente es que Absalón se vengó de Amnón porque el rey no llevó a cabo sus responsabilidades con Tamar, su hija.

No insistió en que Amnón se casara con ella como exige la ley sobre la violación. Los motivos de David por no tomar acción en el asunto no están claros.

Puede haber perdonado a Amnón porque era su hijo mayor y el príncipe heredero. Puede que se haya resistido a la idea de un matrimonio forzado, consecuencia de la violación, porque dañaría la reputación de la familia real. Pero la Biblia guarda silencio sobre sus razones.

David es un héroe, humano, gran comandante del ejército, uno que inspira a su pueblo y tiene una gran sabiduría. Sin embargo, cuando se trata de guiar a sus hijos, carece de valor moral.

Después del episodio con Betsabé y Urías, David parece sentir no tener la autoridad moral para poner límites al comportamiento de sus hijos. Es apático, incluso cuando la situación entre sus hijos exige repetidamente la acción decisiva por la que es tan alabado en su vida pública.

No reconoce que la solicitud de Amnón representa peligro para Tamar; no obliga a Amnón a casarse con Tamar; no castiga a Amnón por haber violado a su hermana; no impide que Absalón mate a Amnón.

La profecía de Natán a David fue que la espada nunca se apartará de su casa como consecuencia inevitable del asesinato de Urías. Las acciones y el destino de los personajes en la Biblia hebrea no son ni predeterminados ni predestinados.

En cambio, cada uno de nosotros somos considerados moralmente responsable de nuestras acciones. No debemos culpar a Dios por nuestras desgracias.

En el espíritu general de la Biblia hebrea, la profecía de Natán es un preaviso de las consecuencias que se derivan de nuestro carácter y nuestro comportamiento. Incluso, el enfoque bíblico se centra en la libertad de elección y su responsabilidad consiguiente en el contexto de un plan divino general.

El principio rabínico donde todo está previsto pero la libertad de elección es dada, se aplica a David como lo hizo a Rebecca en Génesis 25.

Dios creó la sexualidad para reproducir y llenar la tierra, para fortalecer la intimidad y la confianza entre la pareja. Pero el resultado puede ser alegre y saludable, o miserable y destructivo. Somos la única especie cuya sexualidad abarca nuestra imaginación, nuestra conciencia y nuestra alma además de nuestro apetito sexual.

¿Qué hace que el deseo sexual humano, algo inherentemente bueno, salga mal? Se creyó una vez que, con más libertad sexual para hombres y mujeres, los hombres recurrirían menos a la violación. Fue una idea engañosa.

La violación es claramente más sobre la violencia y el poder sobre la víctima que sobre el sexo. El mundo de la violación sigue siendo empleado como herramienta en campañas de terror y sometimiento.

En cuanto a los tiempos y lugar en los que vivía Tamar, el incesto y la violación llevaron consecuencias sociales mucho más serias para mujeres que en las sociedades Occidentales de hoy.

La Biblia describe a Tamar pidiéndole a Amnón que se case con ella porque después de la violación ella será intocable e incapaz de casarse con cualquier otra persona que no fuera el violador.

Después de la violación, la lujuria de Amnón se convierte en odio y rechaza casarse con ella. De hecho, Absalón por venganza de la violación toma el asunto de Amnón en sus manos al negarse a restaurar a su hermana.

La mujer de hoy está tan traumatizada por la violación como Tamar, atormentada por la vergüenza, el miedo, la culpa y el secreto. La tragedia de la violación todavía se extiende más allá de las consecuencias físicas, como el dolor, el embarazo y la enfermedad, así como el terror emocional y la humillación del acto mismo conduce a temores de intimidad sexual y emocional.

Los sentimientos son más destructivos aun cuando la violación ocurre dentro de la familia donde se supone que debe proporcionar un ancla de seguridad y confianza.

La ley bíblica prohíbe inequívocamente el incesto, llamándolo abominación, y las prohibiciones se extienden más allá de las uniones entre hermanos y padres y sus hijos.

El libro de Levítico, que discute el tema en gran medida, estipula que el perpetrador debe ser cortado de la comunidad. La Biblia no da ninguna indicación de que Amnón lucha con su conciencia. Parece no tener culpa ni vergüenza.

La Biblia no nos dice nada sobre el resto de la vida de Tamar. Su desaparición de los registros sugiere su incapacidad de tomar su supuesto lugar en la sociedad como se esperaba casándose y teniendo hijos. Nada ha cambiado desde tiempos antiguos con respecto a la violación; la fuerza física es lo que cuenta.

Dada la menor fuerza física de las mujeres, a ellas les corresponde evitar situaciones que aumenten su vulnerabilidad, mantenerse alejadas de los estacionamientos oscuros y no tener fiestas incontrolables de bebidas. Puede ser injusto y políticamente incorrecto imponer toda esta responsabilidad a las mujeres.

En Génesis 34 encontramos la historia de la violación de Dina. También encontramos comentaristas que presumen que Simeón y Levi estaban de acuerdo de que las víctimas de venganza asesina merecían lo que obtuvieron y esta forma de pensar envía un mensaje terrible sobre la justicia.

El mensaje es que el bien y el mal son una cuestión de estatus en lugar de acción. Específicamente, si el actor tiene cierto estatus como un patriarca, hijo de un patriarca, profeta, rey u otro héroe, entonces se deduce que sus acciones deben ser justificadas, independientemente de lo injustas que parezcan ser.

Es el trabajo del comentarista como abogado defensor averiguar el porqué, y no si las acciones de tales personas de alto rango estaban justificadas.

La consecuencia es que si el héroe hace algo terrible a un no-héroe, este último debe haberlo merecido. A lo largo de la historia se ha generalizado el enfoque de estatus de justicia, suponiendo que el rey era exento y que no es capaz de hacer nada malo y ese principio de derecho era común.

Este estatus de justicia se ha utilizado a menudo contra todo tipo de individuos. Es un imperativo de justicia independientemente de su condición que la culpabilidad se base en una evaluación justa de las acciones e intenciones de las personas.

No debemos buscar ni fabricar racionalizaciones para justificar un ataque tan cruel.

Tampoco debemos estar satisfechos con la táctica y reprimenda de Jacob a sus hijos vengativos.

Para que la narrativa bíblica sirva como herramienta de enseñanza de la justicia, debemos condenar el asesinato en masa de Simeón y Leví por motivo morales, al tiempo que tal vez comprendemos las pasiones que los llevaron a imponer tal venganza desproporcionada y colectiva.

La Biblia ciertamente entiende la pasión humana inherente por la venganza. En una de las ideas más sutiles e innovadoras de los libros de leyes subsiguientes, Dios ordena a Moisés que designe ciudades de refugio en las que pueda huir el hombre que ha asesinado por accidente (Deut. 4).

Enmudecida durante el trauma doloroso

Por un lado, entender no es necesariamente justificar. Los hermanos de Dina fueron de manera comprensible indignados por el crimen contra su hermana virgen y soltera. Además, hay ambigüedades en la narración bíblica acerca de exactamente lo que se le había hecho a Dina y cuáles eran sus propios deseos. Dina permanece totalmente en silencio durante la agresión como muchas de las mujeres del Génesis.

No es sorprendente que nunca oigamos de la víctima de violación, ya que durante los tiempos bíblicos y durante siglos después, la violación fue considerada principalmente un crimen contra el padre, el esposo y el novio de la mujer violada.

La Biblia establece que, si un hombre encuentra una virgen que no está comprometida, y la agarra y se acuesta con ella, su castigo es que tiene que pagar al padre cincuenta siclos y casarse con la virgen y nunca divorciarse de ella.

La razón de este castigo consiste en que el hombre, deshonrando a la mujer, ha dañado los bienes del padre, así haciendo a su hija menos valiosa como *una novia comerciable*.

El violador debe hacer restitución al padre pagándole dinero y aliviándolo de la carga de una hija inadecuada para el matrimonio. Sorprendentemente, según la Biblia, el violador debe ser castigado porque él humilló a la mujer.

En caso de que haya alguna duda de quién es la verdadera víctima de la violación en la Biblia, compare un castigo por la violación a una virgen que no está comprometida: cincuenta siclos y matrimonio permanente en comparación con el de violar a una virgen prometida que era la muerte.

La virgen prometida también es condenada a la muerte a menos que gritara, porque si se sometía sin protesta, se considera que ha consentido, ofendiendo así a su prometido.

Es en este contexto patriarcal que la ambigüedad del encuentro entre Siquem y Dina debe ser entendida. Algunos de los comentaristas dividen la culpa inicial entre Siquem y Dina.

Mientras Jacob y sus hijos estaban sentados ocupados en la casa con el estudio de la Torá, Dina fue a ver a las mujeres bailando y cantando, a quienes Siquem había contratado para atraerla.

Dina es culpada por algunos de los rabinos por haber salido de los confines de las tiendas de campaña de su padre. Un sabio rabínico sugiere que salió adornada como una ramera.

Otros argumentan si se hubiera quedado en casa como se supone que deben hacer las mujeres, no le habría pasado nada. Pero según algunos comentaristas era una mujer y a todas las mujeres les gusta exhibirse en la calle.

Por cualquier razón, Dina no se quedó en casa y algo le pasó. Muchos comentaristas tienen sus diferentes puntos de vista sobre lo que sucedió y cómo sucedió, algunos dicen que fue sexo natural, sodomizado e incluso que era una pareja consintiendo.

Las mayorías están de acuerdo en que el encuentro inicial fue forzado involuntariamente sobre ella. Pero los hermanos todavía culparon al hombre por haber dañado su valor no como hija ni persona, sino como propiedad de su padre.

Cualquiera que sea la naturaleza del encuentro inicial, incluso la mutualidad subsiguiente de la relación es sospechosa. Sabemos cómo Siquem se sentía por Dina, la amaba y estaba dispuesto a hacer cualquier cosa para casarse con ella.

También sabemos que habló con Dina *confortablemente* y que ella estaba protegida en su casa.

Pero como Dina nunca habla, solo podemos especular sus sentimientos hacia el hombre que inicialmente la humilló, luego le habló confortablemente y que finalmente sufrió la circuncisión para casarse con ella.

La palabra confortablemente es un adverbio recíproco, sugiriendo que Dina fue consolada por las palabras de Siquem, pero su reacción nunca se hace explícita.

La imagen de un violador tratando de consolar a su víctima es una imagen común hoy en día, particularmente en el contexto de la violación por un conocido.

Hablar cómodamente puede ser una táctica eficaz y diseñada para evitar que la víctima llame a la policía.

Sabemos que los agresores a menudo hablan confortablemente con sus víctimas, prometiendo que nunca más las van a golpear, solo para ver el ciclo repetirse.

Es posible que Dina no se consolara por lo que ella percibía como una táctica. No lo sabemos, porque nunca escuchamos la voz de Dina.

No sabemos si los hermanos estaban rescatando a una hermana que no estaba dispuesta al matrimonio forzado ni si los hermanos la tomaron de Siquem porque cogió su hermana sin el permiso de los hombres que la poseían y ofendieron el honor de ellos.

Todo lo que la Biblia nos dice es que los hermanos resentían la implicación de cualquier convenio que se estaba haciendo bajo el cual un violador se casa con su víctima y la familia de la víctima obtiene una remuneración material.

En mi observación de este incidente de violación todo el mundo ha violado a Dina, los hermanos se convierten en los héroes, el padre se convierte en un vigilante de la justicia y se pagan los daños causados a la familia y la voz de Dina es clausurada.

Ahora permítanme llamar su atención sobre otra historia que encontramos en el libro de Génesis sobre otra mujer llamada Tamar.

En Génesis, los capítulos 12-50 hablan aquí sobre el tiempo de los patriarcas, la historia ancestral y el viaje de los israelitas hacia Egipto.

El hecho de que el primer libro de la Biblia conserve la historia de Tamar indica su importancia en relación con el resto de las narrativas de la Biblia hebrea.

Probablemente un hombre de alta posición y autoridad lo inscribió como parte del texto bíblico. Un hombre de gran autoridad, el patriarca y líder de las Doce Tribus.

Es irónico que tal hombre incluya la historia de una mujer sin autoridad, inteligencia o artimañas.

La Biblia generalmente presenta a los patriarcas como justos y santos, y como Judá no siempre se proyecta en una luz positiva en relación con Tamar, es aún más sorprendente que la historia permaneciera en la Biblia.

El capítulo que trae a Tamar a nuestra opinión es parte de la historia ancestral. Incluso si la historia no es historia cronológica, todavía arroja luz sobre la percepción de los hebreos de la obra de su Dios en la historia humana.

La historia de Tamar ofrece vislumbres de valores morales y éticos en una cultura religiosa y específica durante un momento particular de su desarrollo, reflejando precisamente el lugar principal del patriarca y algunos roles de las mujeres en la tribu.

La historia de Tamar aparece en el texto después de que los hermanos de José lo habían vendido como esclavo y concluye antes de que Jacob y sus hijos se quedaran en Egipto debido a una hambruna terrible y antes de que se reúnan con José.

Su ubicación estratégica la convierte en una introducción fascinante a la historia completa de José.

La historia de Tamar no puede separarse de la historia más grande de los hebreos ni de las historias individuales de los patriarcas inscritas en el Génesis, entre ellas Jacob y su hijo Judá. La Biblia menciona a Tamar otras dos veces.

En el anuncio de Booz de que tiene la intención de casarse con Rut de Moab, el pueblo y los ancianos de la ciudad pronuncian esta bendición: Que vuestra casa sea como la casa de Fares, a quien Tamar concibió a Judá (Rut 4:12).

El Evangelio según Mateo señala que Judá es el padre y Tamar la madre de Fares y Zera (Mateo 1:3). Tamar, según este Evangelio, es una madre ancestral de Jesús el Mesías.

¿Qué sabemos de Tamar? ¿Quién estaba detrás del velo que cubría su rostro? ¿Se puso otra máscara para sobrevivir? ¿Alguna vez sabremos lo que ella anhelaba o lo que temía? ¿De dónde vino su audacia? ¿Era ella una estafadora que engañó a quien tenía la intención de engañarla? ¿Por qué se cansó de ser víctima? ¿Era ella justa o moralmente corrupta? ¿Qué debemos recordar de Tamar?

Como mujer agraviada, Tamar decidió hacer justicia para sí misma y para la tribu de Judá. Como mujer de coraje, Tamar sobrepasó los límites del derecho tribal.

En esta antigua cultura hebrea, las mujeres tomaron su identidad de los hombres que controlaban sus vidas y las trataron como propiedad, pero Tamar tomó su propia identidad, ¡y qué identidad estelar!

Tamar era el nombre de una magnífica e imponente palmera en el antiguo Cercano Oriente. Era un símbolo de triunfo. Es posible que Tamar fuera alta y elegante como la palmera.

A medida que su historia se desarrolla, ella se convierte para nosotros en una señal de triunfo, incluso cuando las probabilidades se vuelven en su contra.

La Biblia hebrea nos dice que Judá, el hijo de Jacob y patriarca de su propia tribu, consiguió a Tamar como esposa para su primogénito, Er.

Que Judá consiguió a Tamar probablemente significa que ofreció un precio de novia para Tamar o llegó a algún otro acuerdo con el padre de Tamar.

Durante este período en la historia hebrea las mujeres con pocos derechos propios permanecieron primero bajo la autoridad de sus padres y luego de sus maridos, y más tarde fueron adquiridas, negociadas y a veces enviadas de vuelta a casa.

Esta estructura de autoridad se convierte en parte de la experiencia de Tamar como mujer en la tribu de Judá.

CAPÍTULO 4
TAMAR LA EXTRANJERA

Judá acababa de instigar a vender a su hermano menor José a los comerciantes ismaelitas y había engañado a su padre haciéndole creer que su hijo favorito estaba muerto. Poco después, Judá dejó a su padre y hermanos y acampó en una zona de Adulam. Aunque la ley y las tradiciones hebreas claramente preferían el matrimonio a una mujer que fuera dentro de la comunidad hebrea, Judá necesitaba hijos para ayudar con el trabajo requerido para trabajar y cultivar la tierra.

Necesitaba una esposa, así que se casó con la hija de Súa un hombre que era cananeo. Bet-súa la Cananea (1 Cr. 2:3) era su nombre. Ella y Judá tuvieron tres hijos Er, Onán y Sela.

Cuando llegó el momento de encontrar a una esposa para Er, el primogénito, Judá adquirió a Tamar, una mujer no hebrea, probablemente una cananea que fue criada en una cultura politeísta donde la adoración de la diosa Aserá era común.

Obligada a renunciar a su identidad como hija de su padre, Tamar se unió a una tribu con leyes y costumbres extrañas para ella. Ella era la extranjera. Llegó a un círculo cerrado familiar que creía en una deidad diferente de los dioses y diosas locales de su herencia. Su nueva familia tenía reglas sobre la santidad y el matrimonio que diferían de las de su cultura.

Aunque Judá, como patriarca, asumió la responsabilidad de Tamar como miembro de la tribu, ella agresivamente tuvo que hacer un lugar para sí misma. La forma garantizada de su seguridad era dar a luz a muchos niños varones. Hasta que Tamar fuera capaz de producir un hijo, fue apartada de la única posición de honor y estatus disponible para ella. Ser una forastera y aun estéril la hizo sospechosa, no un miembro real de la tribu.

Aunque el nombre de Er significaba protector, era un hombre malo, tan malo como sólo podemos imaginar las circunstancias de la vida de Tamar con él. Aunque no sabemos cómo Er se puso en peligro de extinción ni expuso su vida ante Dios, sí sabemos que su iniquidad disgustó a Dios, quien puso fin a la vida de Er antes de que Tamar pudiera concebir.

No poder tener hijos y ser viuda en cualquier tipo de situación, es trágico, pero en particular para Tamar, que ya estaba marginada en la tribu. Con la muerte de Er, alguien que fue diseñado para convertirse en el patriarca de la tribu y Tamar siendo sin hijos se convirtió en un objeto de lástima. Judá supuestamente pensó que esta mujer así llamada palmera daría el fruto más dulce para su hijo y la tribu de Judá.

La ley hebrea de levirato le dio a Tamar, que ahora es viuda, algunos derechos y seguridad que de otra manera no tendría. De acuerdo con la ley del levirato (Deut. 25:5-6), exigió que Tamar tuviera relaciones sexuales con su cuñado hasta el nacimiento de su primer hijo. Esto se consideró un acto de devoción por el esposo que estaba muerto con el fin de asegurar la continuación del nombre y linaje del esposo que había fallecido.

Durante el tiempo de Tamar, los hebreos no creyeron en la vida después de la muerte ni en ningún tipo de resurrección. Las almas de los muertos fueron confinadas a través de la eternidad al Seol, la morada de todos los muertos. Para estas personas antiguas, los hombres ofrecían la única esperanza de que continuara existiendo después de la muerte el apellido, asegurando que se preservara entre los vivos y que un padre fuera honrado y su memoria se mantuviera viva.

Sobre la base de sus creencias, significaban cuantos más hijos tuvieran en la tierra, más estatus en el Seol. Claramente Judá tenía una inversión en ver que Onán cumpliera la ley del levirato.

Judá envió a Onán a Tamar y se refirió a ella sólo como la esposa de tu hermano. Nunca Judá llamó a Tamar por su nombre. Onán, carecía de compasión y lleno de frialdad y calculador. Sabía que el nacimiento de un hijo con Tamar disminuiría su parte de herencia, cuantos más descendientes, menos herencia.

Olvídate de la ley del levirato, esto era un asunto económico para Onán. La idea de compartir la herencia de la familia con el hijo de su hermano que había muerto, al que él había engendrado, no era nada atractiva para Onán. Pero la perspectiva de tener relaciones sexuales con Tamar era aparentemente bastante atractiva.

Cada vez que Onán, el padre sustituto tenía relaciones sexuales con Tamar, derramaba su semen en el suelo y lo dejaba desperdiciar. Aunque era una forma primitiva de control de la natalidad, funcionó. Cada semana y mes que pasaba sin que Tamar pudiera haber concebido disminuía su estatus en la tribu. Tamar sabía que nunca quedaría encinta de esta manera, pero tenía poco recurso.

Si Tamar informaba de las acciones de Onán a Judá, Onán probablemente no lo admitiría. Ella no estaba equivocada, pero estaba atrapada. Onán no le dijo a Judá que no tenía intención de guardar la ley del levirato. Aunque Onán parecía estar cumpliendo con su deber con Tamar, ella permaneció estéril y la suposición podía ser que ella tenía la culpa.

Si alguien se hubiera enterado sobre el engaño de Onán, el juicio en su contra habría sido severo, ya que desperdiciar su semilla lo hubieran percibido como una amenaza para la tribu y considerado un acto casi tan grave como un asesinato. Onán consciente de la gravedad de su engaño, persistió y también falleció. Su respuesta a Tamar fue cruel a la ley de levirato y su desobediencia un descaro.

La estructura culta hebrea a veces reforzaba la percepción de los poderes negativos de las mujeres. Judá sospechaba de Tamar y que poseía poderes potentes y misteriosos que habían matado a sus hijos. Ella era cananea y aunque había estado en su tribu hebrea por algún tiempo quizás, no estaba completamente convertida a los caminos yahvismo. Tal vez todavía practicaba algunas costumbres paganas de su familia. Incapaz de ver cualquier culpa de sus hijos e inseguro de a quién culpar, Judá decidió culpar a la viuda sin hijos. En su opinión, Tamar era un inconveniente complejo y una carga. Judá probablemente nunca tuvo la intención de dársela a su hijo Sela como se le ordena en la ley del levirato, así que la envió de vuelta a la casa de su padre con estas palabras, regresa como viuda a la casa de tu padre hasta que mi hijo Sela crezca.

Permanecer viuda fue una sentencia de muerte para Tamar. Ser expulsada de la tribu y regresar a la casa de su padre parecía una situación injustificable y precaria para Tamar. Pero recuerda que había oído de los ancianos tribales durante mucho tiempo acerca de los decretos de la ley. Sabía que la ley del levirato decretaba que Judá debía dársela a Sela o liberarla del vínculo de levirato, uno u otro.

Pero Judá no hizo ninguno. Mientras Judá tuviera un hijo, no tenía derecho a rechazarla y devolverla a su padre, un acto de rechazo total por parte de Judá y una humillación aun mayor para Tamar.

Tamar ya no era virgen y regresó a la casa de su padre no como esposa ni madre, sino como viuda sin hijos. Mientras estaba obligada por la ley del levirato, fue prometida a Sela sin la libertad de casarse. Una vez más, Tamar fue confinada a la casa de su padre y bajo su control. Encarcelada como viuda traicionada y sin hijos, Tamar fue rechazada no sólo en la casa de su padre, sino también dentro de la estructura tribal de Judá. Cuando los hombres hacían las reglas, las mujeres sufrían con frecuencia las consecuencias.

Mucho después de que Judá enviara a Tamar a permanecer como viuda en la casa de su padre, la esposa de Judá murió. Tamar sabía que Sela, a quien se le había prometido, había crecido, pero Judá no la había regresado a la tribu. Ella escuchó que Judá estaba planeando una excursión con su buen amigo Hira el Adulamita.

Tamar no había olvidado la promesa de Judá de cumplir la ley de levirato, ni le había perdonado por su tratamiento. Para Tamar, la necesidad de tener un hijo que perpetuaría el nombre y la herencia de su marido que había fallecido y le proporcionaría seguridad sobrepasó todas las demás preocupaciones de la vida. Tal vez cansada de tener hombres que toman decisiones para ella, cansada de ser entregada y luego dada de vuelta, cansada de que le dijeran qué hacer y a dónde ir,

Tamar finalmente se negó a ser la víctima. Judá podría tener autoridad patriarcal, pero no era impotente. Ya ella no será intimidada ni ignorada. Ella no será clausurada ni silenciada. No permitirá que el trato injusto y humillante de Judá hacía ella arruinara su futuro.

Aunque Tamar no podía cambiar la actitud de su suegro ni su autoridad tribal, ella podía intentar cambiar su situación. Ella se convirtió en su propia agente de justicia e hizo que la ley de levirato funcionara para ella. Por eso no es suficiente conocer la ley, si no sabes usarla. En primer lugar, marginada por la cultura y la religión, Tamar usó sabiduría, lógica y coraje para obtener lo que legítimamente era suyo.

Firmemente decidida a obligar a Judá a cumplir con su responsabilidad hacía ella, Tamar se quitó la ropa de viuda, se puso un velo sobre su rostro y envolvió su cuerpo con su manto. Los velos eran más que una simple cubierta de cara para las mujeres hebreas y cananitas. Los velos eran a menudo similares a un manto como una cubierta ornamental que también estaban envueltas alrededor del cuerpo. Las mujeres hebreas llevaban un velo como la marca de una virgen que podía casarse y se lo quitaban en relación con la ceremonia del matrimonio.

El tipo de velo que Tamar usó y la razón por la que eligió usarlo no están claros. Aunque no era una virgen hebrea para matrimonio ni una mujer consagrada del templo, y Tamar con el rostro cubierto con un velo, ¿estaba Judá consiente de toda esa información? Después de la pésima y dura ropa de viuda, Tamar dejó la ropa de la viuda en una pila junto con su identidad y a partir de ese momento cada movimiento fue calculado y más allá de los límites aceptables para una viuda hebrea.

Aunque no conocemos todos los detalles de las intenciones de Tamar ni de su apariencia, ciertamente planeó enfrentarse a Judá. Se adelantó con valentía y audacia sin ninguna garantía con la esperanza de que la confrontación rectificara el mal que se le había hecho. Aunque el texto bíblico nunca indica que Tamar se presentó como una prostituta del templo o que de otra manera trató de atraer, solicitar o seducir a Judá, los comentaristas han presumido como Judá pensaba que era una prostituta, debe ser que ella estaba vestida como una. Pero Judá vio lo que quería ver y lo que se ajustaba a sus necesidades en ese momento.

Viudo por alrededor de un año y de vacaciones de su tribu, podía confiar en su buen amigo Hira para no exponer su comportamiento. Aunque la ley hebrea dictaminó en contra de tomar una prostituta, Judá descubrió al lado del camino lo que parecía una mujer disponible y deseable.

Judá no reconoció a su nuera lo que me lleva a creer que había pasado mucho tiempo y Tamar dejó que Judá creyera lo que sus expectativas y deseos le llevaron a imaginar. Tamar probablemente no se sorprendió ante la demanda de Judá. Después de conocer a dos de sus hijos y de haber vivido en la tribu durante varios años, sin duda conocía los hábitos de Judá.

Tamar conocía la verdad y sus derechos según el prescrito por la ley del levirato y no creía que Judá tuviera en mente cumplir la ley. Tal vez, este encuentro promovió la justicia y corregía el error del engaño de Judá. Es posible que la voluntad de Dios en este giro de los acontecimientos le diera un hijo y cumpliera con la ley del levirato.

Si, lo que quería Judá era una prostituta, Tamar le daría una prostituta. Pero antes de comprometerse con su demanda, Tamar le preguntó a Judá qué pagaría para tener relaciones sexuales con ella. Judá propuso enviarle un cabrito de su rebaño, una propuesta sustancial, una oferta generosa que cualquier prostituta consideraría. El sello que Judá llevaba en un cordón alrededor de su cuello y la vara que llevaba indicaba que no era cananeo común sino un patriarca hebreo.

Después, de haber sido engañada una vez por Judá, Tamar no estaba lista para ser engañada de nuevo. Ella estuvo de acuerdo en el precio, pero negoció que Judá dejara su sello, cordón y vara como una promesa con ella hasta que entregue el cabrito. Judá vaciló porque dejarlos con Tamar significa que estaría sin los símbolos de su autoridad. Pero todos en la región sabían quién era Judá. Él sabía que usaba el sello para imprimir su firma en documentos importantes y tabletas de arcilla y sabía que la mujer no podía usarlo. Después de todo, el sello con su cordón estampado significaba la identidad de Judá, no la de la mujer. Dependía de su vara para el apoyo y ocasionalmente para la defensa; podría perderla durante los próximos días, pero la perspectiva tentadora hizo que la decisión fuera fácil.

Lo peor que podría suceder es que tuviera que pedir prestado una vara a su amigo Hira. No había realmente nada sagrado sobre lo que pasó a continuación, con la transacción comercial con éxito acordado en el camino, Judá tuvo relaciones sexuales con Tamar.

Pero Judá dejó más con Tamar que solo la promesa y Tamar tomó más de Judá que solo su sello, su cordón y su vara. Ignorante a los dos, ella había concebido. Ese breve encuentro sexual con Judá cambió la vida de Tamar para siempre.

Tamar sabía que Judá no tenía hijos más allá de Sela para continuar con su linaje, lo que amenazaba el legado de Judá. Tamar estaba consciente de que a través de la ley de levirato debía tener un hijo para perpetuar el linaje de Judá y el nombre de su esposo ya fallecido.

Tamar no tuvo relaciones sexuales con Judá por placer ni ganancias personales ni porque se le ordenó. Tamar actuó con la intención sagrada de preservar el nombre y la herencia de sus dos esposos fallecidos que eran hijos de Judá. Confiando su vida al Dios de los Hebreos, Tamar creía que la justicia y la redención llegarían a ella.

El narrador nos ha dado pistas todo el tiempo sobre el dudoso y frágil estado de la tribu de Judá. Tamar era la única posibilidad presente para asegurar la supervivencia de la tribu.

También sabemos quién la embarazó junto a la carretera, pero Judá no tenía esa información. Judá sólo sabía que el niño que llevaba Tamar no era engendrado por ninguno de sus hijos fallecidos.

Incluso si Judá hubiera recordado el papel esencial de Tamar en la continuación de su linaje, Judá habría sacrificado voluntariamente a Tamar para salvar su reputación y conservar su posición de autoridad.

Pero Judá sin vacilar dijo, sacarla aquí y quemarla una sentencia de muerte extraordinaria incluso para aquellos tiempos (Lev. 20:14; 21:9).

Aunque el castigo habitual por adulterio era apedrearla hasta la muerte, Judá, como el patriarca incuestionable de la tribu, podía pronunciar un castigo cualquiera que considerara adecuado para el crimen.

Judá la usó para su placer y podría haber abusado de ella, pero Tamar no estaba lista para ser ejecutada. Ella había elegido la vida y tenía la intención que ella y sus descendientes vivieran (Deut. 30:19).

Tamar, en ese momento crítico, teniendo conocimiento de primera mano sobre el poder, pasó de simplemente conocer el uso del poder a usar confiadamente el poder de su conocimiento. Ella sabía lo que iba a hacer. Ella tendría la última palabra, una palabra verdadera.

Tamar confrontó a Judá con los símbolos de su autoridad e identidad, su sello, su cordón y su vara y con un mensaje que decía que estaba encinta del hombre al que pertenecían esos artículos.

No podía negar sus acciones ni denunciar lo que había sucedido. Judá había estado dispuesto a exponer a Tamar a la muerte por haber jugado el papel de la prostituta con el que había negociado el trato y gozado del placer. Judá condenó en Tamar lo que él excusó en sí mismo.

La verdad con la que Tamar enfrentó a Judá lo tomó completamente desprevenido, pero la ley declaró claramente que, si un hombre tenía relaciones sexuales con una mujer prometida, la esposa de un pariente o una nuera, tanto el hombre como la mujer debe ser ejecutados (Lev. 18:20; 20:12; Deut. 22:23). Según la ley, Judá era más culpable que Tamar.

Pero como juez y jurado, Judá estaba de acuerdo con la sentencia de muerte para Tamar hasta que se vio involucrado en el plan y se dio cuenta de que no era beneficioso para él y eso llevó a Judá a tomar otra decisión rápida.

En este caso, debería hacerse una excepción, ya que, de hecho, había cumplido con la obligación de levirato al conceder a Tamar el bebé al que tenía derecho. La revelación de Tamar de la paternidad de Judá anuló la sentencia de muerte y consumó la obligación de levirato.

Frente a la verdad y expuesto por su acción, Judá reconoció su irresponsabilidad. Por primera vez en las historias de José y Tamar, Judá mostró tener un corazón y una conciencia. Judá se dio cuenta de que su pecado lo encontró, ahora recuerda cómo traicionó tanto a José como a Tamar.

Tal vez por primera vez vio a Tamar no como una persona maldecida por Dios, sino como una persona bendecida.

Lo único que Judá no le había regalado como medio de la ley del levirato había sido proporcionado por el Señor. A través de ella, Judá sabía que su linaje continuaría. Exonerando a Tamar de toda culpa que Judá confesó públicamente diciendo, ella está más en el derecho que yo, ya que no la entregue a mi hijo Sela.

Tamar se convirtió sino en esposa en madre, y Judá reclamó a sus hijos gemelos como legalmente suyos. Al final Tamar recibió reconocimiento por su justicia en la búsqueda del cumplimiento de la ley de levirato y Judá no fue condenado por impedírselo. En lugar de llevar la desgracia y la muerte a una situación crítica, Tamar trajo nueva vida y esperanza.

Tal vez Judá se dio cuenta de que Tamar mostró más lealtad a su Dios, su nombre y su tribu que él. Por respeto a la justicia de Tamar y a su fe profunda en el Dios Hebreo, Judá podría haberle dado un lugar de honor en la tribu y haberla bendecido para continuar su descendencia.

En el momento del parto de Tamar, se descubrió que llevaba gemelos, un evento que marcaba a una mujer como una matriarca especial dentro de la tribu. Los gemelos en el vientre de Tamar señalaron el favor y la actividad de Dios en nombre de ella. Durante un parto inusual, un cordón carmesí fue atado a la muñeca de Zera para marcar al primogénito.

Sin embargo, él fue segundo bebé gemelo en la orden de nacimiento porque Fares empujó primero a través del canal. Su nombre Fares es símbolo de una rotura en la pared, uno que empuja a través, o una brecha y era como su madre en este sentido. Tamar parecía estar en segundo lugar en todo lo que respecta a Judá y sus hijos.

Sin embargo, hizo una ruptura en la pared del sistema patriarcal que trató de retenerla y ella empujó a través de la ley del levirato para recibir lo que le pertenecía legítimamente. Negándose a ser apartada, hizo un lugar para sí misma en la tribu de Judá y en la memoria de Israel y toda la cristiandad. A través del linaje de Fares, es recordada como la madre de los hijos gemelos de Judá y una ascendiente del rey David y Jesús el Mesías.

Aunque tenía poco poder y autoridad política y económica, Tamar desempeñó un papel crítico en este punto de inflexión en la historia hebrea. Tamar no discernió ninguna separación entre su cumplimiento personal y el cumplimiento de las promesas de Dios. Tamar creó la transición y la transformación que marcaron la diferencia. En parte debido a su justicia, la tribu de Judá floreció y se levantó para ser la más poderosa de todas las tribus de Israel. De Judá todo el judaísmo toma su nombre.

De hecho, Tamar, la palmera, lleva el fruto más dulce que es el nacimiento de sus hijos gemelos. Tamar sigue siendo un símbolo de valentía para las personas que se encuentran en situaciones imposibles y preocupantes. Al igual que la palmera majestuosa, Tamar es testigo de la seguridad de Dios de que los errores pueden corregirse.

La historia de Tamar está tan profundamente arraigada en la historia ancestral de los hebreos y la historia de José. Incluso con estudios bíblicos e investigaciones aún permanecen las relaciones insuficientemente exploradas y sin resolver. La violencia y el acto cruel de los hijos de Jacob contra José, su hermano menor nos advierte de una completa ruptura de la familia del gran patriarca.

Esta tribu patriarcal siempre había sido una familia dividida por la envidia y el engaño. ¿Recuerdas cómo Jacob robó el derecho de nacimiento de Esaú? ¿El engaño de Labán, el suegro de Jacob y el eventual matrimonio de Jacob con dos hermanas al mismo tiempo? Raquel, una de las esposas de Jacob, robó el dios Terafín ídolo de la casa de su padre, ¿y luego mintió sobre robarlo?

Estas historias se pueden encontrar en los capítulos anteriores a Génesis 38. ¡Las novelas no se ponen mejores que estas historias! Con esta herencia, ¿no nos debe extrañar que este hijo de Jacob y el patriarca de la historia de Tamar fuera egoísta y engañoso?

La historia de Tamar a menudo se interpreta como una interrupción, una intrusión, un desvío en el camino a una historia más importante como la historia de Tamar contra la historia de Judá. Su colocación entre otras historias de fraude, traición y engaño nos tienta a categorizarlo como otra historia de un engaño instigado por una mujer estafadora. Tal categoría haría una injusticia grave a Tamar y su fidelidad. Si pudiéramos leer la historia desde la perspectiva de Tamar, podríamos encontrar un énfasis en las relaciones y consecuencias que no se presentan en el texto bíblico.

Una palabra de precaución, ten cuidado con lo que haces a los demás, podrías terminar necesitándolos o sirviéndoles. Al final de la historia de Tamar, encontramos la historia de José. De la esclavitud José había ascendido rápidamente al poder, convirtiéndose en segundo comandante sólo de Faraón.

Jacob junto con sus hijos, sus niños y esposas, viajan a Egipto. El número incluía a los hijos de Judá, Sela, Fares, Zera y los hijos de Fares. Como Tamar no estaba casada con Judá o Sela, no se sabe si fue a Egipto con el resto de la familia de Judá.

Algunos estudiosos sugieren que la colocación de la historia de Tamar y Judá es para contrastar la justicia y el compromiso de José con Dios con el interés desvergonzado propio de Judá, el engaño y el maltrato de otros.

Esa perspectiva pasa por alto el papel importante que Tamar desempeñó en asegurar exitosamente la continuidad de la tribu de Judá cuando el futuro de la tribu se vio amenazada.

Otros comentaristas creen que cuando la tribu de Judá se elevó a la prominencia como predicha del rey David, se hizo importante inscribir su historia y preservar su tradición. Aquí vemos cómo la historia se repite como si diera una segunda oportunidad para hacer de un mal, un final correcto. La intención es con propósito, aprenda su lección la primera vez para que no tenga que repetirla.

Si este es el caso, debemos recordar que el ascenso de la tribu a la prominencia se produjo en parte porque Tamar dio a luz a gemelos que trajeron una tribu poderosa a la existencia. Independientemente de la ubicación de la historia de Tamar en la historia ancestral de los patriarcas, la letra bastante escasa y medida en Génesis inscribe el establecimiento de la tribu de Judá y la familia importante de Fares.

Es posible que la historia de Tamar también marque la maduración moral de Judá debido a su confrontación y reconciliación con ella, después de lo cual finalmente se convierte en el patriarca que Dios lo había llamado a ser.

Arraigados en la historia ancestral de los hebreos y profundamente establecidos estaban las religiones antiguas del dios baal y de la diosa Asera entre otros dioses que a veces ofrecían más oportunidades para las mujeres.

Tamar nació en esta cultura y de allá vino como nuera de Judá. La historia de Tamar no debe ser arrancada del tejido de su cultura que seguramente debe haber afectado sus relaciones en el patriarcado de la tribu de Judá y avivó los fuegos de su pasión en la búsqueda de lo que era legítimamente suyo.

Mientras se casó en una tribu hebrea y pudo haberse convertido en yahvismo, vino del polvo de Canaán, sus pies estaban arraigados en su tierra. Recordar a Tamar es recordar también su herencia.

Tamar y Judá vivieron durante la etapa de establecimiento en el período de la monarquía antes del estatus de independencia de la nación de Israel. La gente era conocida solamente como los hebreos. El patriarca era la autoridad del juicio determinando el destino de cada miembro de su tribu, especialmente las mujeres, los que nacían dentro de ella y los que se casaban dentro de ella.

Las mujeres aseguraban la continuación del nombre de la tribu después de la muerte del patriarca. El patriarca y creador de muchos descendientes hizo cumplir las costumbres y tradiciones mantenidas por todas las Doce Tribus.

Las leyes y códigos morales hebreos no documentados durante siglos pasaron oralmente de tribu a tribu y de padre a hijo. En algunos casos, se ignoraron las leyes y tradiciones o se hicieron excepciones, en particular en lo que respecta a los decretos contra los matrimonios mixtos.

Según los sacerdotes piadosos que compilaron y editaron las leyes en una fecha mucho más tarde que la historia de Tamar, el matrimonio con aquellos que no eran hebreos amenazó la existencia del pueblo elegido; tanto como las batallas por la conquista de Canaán o el exilio en Egipto.

Para permanecer puro el pacto con Dios requería obediencia absoluta como condición para los hebreos que querían permanecer como el pueblo Santo de Dios. El matrimonio mixto fue considerado un acto de desobediencia que rompió el código de santidad y contaminó la línea de sangre pura de los hebreos (Deut. 7:1-6).

Desde que la propiedad pasó de padre a hijo los hebreos crearon leyes y costumbres para asegurar el conocimiento absoluto de la paternidad. El mantenimiento del sistema por línea paterna mantuvo toda la propiedad en la tribu.

Dentro de las tribus, la virginidad hasta el matrimonio, era exigida a todas las mujeres, pero no a los hombres, y después del matrimonio la fidelidad total. La intimidad sexual fuera de los límites del matrimonio o del vínculo de levirato, era pecaminosa e ilegal para las mujeres porque iba en contra del decreto del Señor.

La sentencia por desobediencia a la ley para una joven que es virgen, una virgen comprometida o una mujer casada era la misma, la muerte por lapidación o quemarla (Deut. 22:13-27).

Las leyes hebreas reflejaban un código de moralidad, pero también apoyaban una estrategia política y económica que aceleraba la toma de tierras y propiedades por parte de las tribus. Mientras las sociedades de dioses y de las diosas con menos restricciones en el contacto sexual coexistieran con la sociedad patriarcal hebrea, la paternidad y la herencia de la propiedad estaban amenazadas y no podían ser garantizadas.

Tamar, cuya historia estaba grabada en la historia matriarcal cananea como en la historia patriarcal hebrea, fue bendecida por Dios. En una de las historias familiares disfuncionales más extrañas, una mujer de sangre extranjera e impregnada por su suegro hebreo en un acto casi incestuoso dio a luz a hijos gemelos (por la pérdida de dos maridos, ella recibió doble porción. Sí, Dios se recordó).

Incluso con la traición de Judá, Tamar fue fortalecida por su propio sentido de dignidad y justicia, ella se protegió, garantizó su seguridad, y aseguró la supervivencia de la tribu de Judá (¡me hiciste mal, pero te hice bien!).

El texto de la Biblia registra su nombre para que todas las generaciones la recordaran, porque Tamar era una matriarca memorable en la que la tribu de David echó raíces y de quien el árbol de la familia de Jesús el Mesías tomó provisiones.

A lo largo de la historia de José, la ropa y los artículos personales juegan un papel simbólico y prominente. Un cambio de ropa indica un cambio en una situación o en la vida de los personajes.

El manto distintivo de José simbolizaba el gran amor y afecto de Jacob por su hijo, pero para los hermanos de José simbolizaban la envidia y la amargura. Con la retirada del manto, el hijo favorito de un patriarca se convirtió en un esclavo de Faraón en Egipto.

Empapado de sangre de cabra para convencer a Jacob de la muerte de José, el manto era un símbolo de engaño; para Jacob, que nunca se recuperó de la pérdida de su hijo, se convirtió en un símbolo de dolor.

Cuando Judá posteriormente dejó la casa de su padre, el manto representaba la interrupción grave de las relaciones que no podían reconciliarse ni restaurarse. La conciencia de culpa no descansará y causará perturbación hasta que te reconcilien o te restauren.

Para Tamar un cambio de ropa marcó una transición en su autoridad y un nuevo sentido de identidad propia y auto-conciencia. Un cambio de ropa se convirtió en un símbolo para encontrar su voz.

Una vez ignorada y pasada por alto, se vistió con ropa diferente y descubrió una nueva visibilidad y presencia. Desechó la ropa de la viuda que simbolizaba la restricción y el aislamiento por un velo y un manto que cubría su rostro y su cuerpo.

Tamar ahora no estaba atada a ningún hombre, padre ni marido. El velo y el manto simbolizaban su nueva libertad y solución. La decisión y la libertad que necesitaba para conseguir justicia. Si bien ambos conjuntos de ropa enmascararon y disfrazaron la identidad de Tamar, un cambio de uno a otro señaló una transformación en su disposición a hacer lo que pudo para cambiar su situación. ¡En vista de este hecho, te digo ahora cambia tu ropa!

Como forastera cananea desfavorecida y dejada impotente por la estructura en la que se casó, Tamar empleó un engaño caritativo para influir de manera positiva en el curso de los acontecimientos actuales y futuros, considerando las necesidades de la tribu y su comprensión de los propósitos de Dios.

En términos de sexualidad Tamar sabía que la preservación del linaje de la tribu de Judá y el cumplimiento del propósito de Dios requerían descendientes; ella usó su sexualidad para lograr la meta. Tamar persiguió tenazmente y activamente lo que legítimamente le pertenecía, utilizando su ingenio para convertir la desigualdad en igualdad.

Mejor que trastornar la estabilidad social de la tribu, sus acciones aseguraron la continuación de ello, empleando el sistema patriarcal para superar límites. En una inversión del papel, Tamar se convirtió en la corredora de poder y encargada del convenio, y Judá se convirtió en el infractor del convenio rendido impotente en el proceso.

La historia de Tamar descubre el estado frágil del orden social de la tribu y la inestabilidad de los que están en el poder. La ley de levirato tenía por objeto proteger en parte a la viuda, pero el lugar y la condición de la mujer siempre estaban en peligro. Sus derechos eran precarios y no controlaba la línea delgada entre la seguridad y la victimización.

En la historia de Tamar la línea entre el poderoso Judá y la impotente Tamar está borrosa, y la vulnerabilidad de los que están en el poder se vuelve más visible. Los débiles se vuelven fuertes y los fuertes débiles.

Tamar se convierte para nosotros en la mensajera de un tema importante en la Biblia hebrea que Dios, está de parte de los pobres, los débiles y los oprimidos.

Mujeres quieren Justicia

La historia de Tamar está entrelazada en torno a los temas de poder, clase, justicia económica y la marginación de los procesos del tomar de decisiones que regían los derechos de las mujeres. Para ese entonces y ahora el sexo, el género y el control siguen siendo el núcleo de todas las cuestiones de derechos humanos para las mujeres.

Tamar se negó a aceptar la vida tal cómo era y con esa negativa Judá y su estructura tribal de justicia finalmente escucharon su voz.

Ella recibió lo que era legítimamente suyo sólo después de un costo personal grande. Tamar, nuestra hermana desde hace mucho tiempo, se levanta como embajadora firme de los derechos humanos de las mujeres y testigo confiable de las mujeres de todo el mundo que buscan justicia.

La idea de las mujeres tratadas como propiedad parece un concepto primitivo que devalúa lo más sagrado de la persona individual, deprecia la vida humana y deshumaniza tanto a las mujeres como a los hombres.

Sin embargo, las mujeres del mundo viven en situaciones que difieren lo poco que conocemos de Tamar.

En algunas culturas, una mujer todavía se considera la posesión y la propiedad de un hombre. Lo que la mujer haga o no haga reflexiona sobre el honor de la familia. Al igual que con Tamar, la mujer es asumida culpable y a menudo es la primera en ser culpada y castigada.

Cientos de mujeres son asesinadas cada año en países donde se defienden los crímenes de honor porque los parientes masculinos creen que la mujer de alguna manera ha manchado el nombre de la familia y ha traído vergüenza a la tribu. Para romper las cadenas de la injusticia y la tiranía, debemos llegar a ser como Tamar y negarnos a ser rechazadas.

Ella es nuestra piedra angular, nuestro arquetipo de justicia y nuestra justicia redentora y transformadora. Como intercesores debemos permanecer en la lucha con nuestras hermanas en pequeñas tribus y pueblos remotos, en ciudades y distritos sobre poblados en todo el mundo hasta que todas las mujeres puedan elegir libremente su propio destino sagrado e individual.

La ropa de Tamar significaba su identidad y su lugar en la cultura a la que pertenecía. Al cambiar de ropa, llamó la atención sobre las diferentes funciones sociales y religiosas de la vestimenta.

Las múltiples connotaciones de las prendas de vestir se convirtieron en una expresión de sus deseos y metas, un disfraz para servir a su propio interés y propósito y un dispositivo mediador para la justicia.

Tamar usó sus prendas para rehacerse y reclamar con éxito un lugar para sí misma en el mundo de un hombre. En cierto sentido, ¡la ropa de Tamar la reinventó como mujer!

Tamar se encontró en una encrucijada en la frontera entre Enaim (un lugar para la apertura de los ojos) y Timna (en el camino a un ajuste de arreglar cuentas). Tuvo que tomar decisiones importantes sobre permanecer en su situación actual o mudarse a un futuro desconocido.

Ella conocía su lugar y los límites de su existencia actual. Había cierta comodidad y seguridad en su familiaridad.

Pero quedarse donde estaba significaba una muerte lenta y constante de todos sus sueños y de lo que ella sabía que era capaz.

La fuente externa de su dilema era el hecho del que tenía que confrontar a Judá.

De la misma manera también tuvo que confrontar su espíritu del cual recibía un sentimiento interno de valor y virtud. Los ojos de Tamar se abrieron y se encontró en el camino hacia un juicio.

En su mente existir era como estar viva, pero en transición. Un nuevo comienzo significaba para ella que algo viejo debe morir.

Ahora, considere, reflexione y medite cuidadosamente:

- ¿Qué le anima a cruzar fronteras familiares hacia un lugar desconocido de vulnerabilidad y riesgo?

- ¿A qué o a quién debes enfrentarte antes de seguir adelante?

- ¿Cómo te capacita tu fe al pasar por tiempos de transición?

CAPÍTULO 5
TAMAR: LA VIUDA QUE SE ATREVIÓ

La joven viuda Tamar para tomar el control de su destino trama un plan audaz que desafía el orden patriarcal de su tiempo. Judá, el cuarto hijo de Lea y Jacob, se ha casado y la mujer le da tres hijos, Er, Onán y Sela. El hijo mayor también un cananeo se casa con Tamar. Como viuda sin hijos, sin estatus económico o social en la casa de su padre, se convierte en una carga que no es deseada. Está aislada y sola. El narrador bíblico no menciona a ninguna madre, hermana, amiga ni pariente que pueda consolarla ni hablar en su nombre.

Además, ahora es considerada una extranjera en su propia comunidad. Tamar enfurecida por el orgullo herido debe reprimir su ira. Tamar, con la ropa requerida de una viuda y viviendo la vida pura de una mujer soltera, ve cómo se le escapan sus años de gestación. Tamar determina que ¡no será vencida así de fácil sin luchar!

Después de haber pasado muchos años y la esposa de Judá muere, Sela ya es mayor de edad. Bien versada en sus derechos de cómo funciona la ley de levirato, Tamar sabe que Judá está obligado, a casarla con Sela, el último hermano, pero después de años de negligencia y tácticas dilatorias, entiende que este matrimonio nunca ocurrirá. Ella cree que confrontar a Judá será inútil. Además, sabe que es considerada universalmente como una viuda contaminada, pobre candidata para un nuevo matrimonio, una mujer que lleva una maldición de la cual los dos primeros esposos murieron.

Su posición en la comunidad depende enteramente de su papel como esposa y madre. Ella puede ser humilde, ser obediente y permanecer en la casa de su padre por el resto de su vida o puede tomar acción usando su inteligencia, coraje y el poder del sexo para crear el futuro al que se siente con derecho. Conscientemente Tamar está preocupada por la ventana estrecha de tiempo que tiene durante la cual podrá concebir a un hijo. Su historia afirma, de que solo un ser humano es capaz de marcar una diferencia profunda en la historia, incluso si esa persona simplemente es una mujer, una extranjera y uno de los miembros menos poderosos de la sociedad.

Tamar resuelve no ser echada a un lado. Ella desarrolla un plan y espera la oportunidad correcta. Su esquema es audaz y peligroso, pero ha recopilado toda la información que necesita para ejecutarlo. Ella sabe que durante las celebraciones de la temporada de esquila de ovejas muchos de los hombres disfrutan de los servicios de rameras que establecen sus tiendas en la carretera. Ella presume que es probable que Judá, un viudo reciente, esté disponible a una oferta de sexo.

Tamar sale camino hacía Enaim y selecciona un lugar en el cruce donde Judá mientras viaja a Timna seguramente la verá. Esta historia bíblica está inscrita en Génesis 38:14. La transacción de negocios es sencilla. Sólo sabemos que el encuentro dura lo suficiente como para que ella conciba un hijo antes de que Judá continúe su viaje. Cuando Tamar se aparta rápidamente de la escena de la seducción, ella quita su velo, retoma el papel de la viuda y espera que nadie más que Judá sepa lo que sucedió.

A medida que pasan los meses, Tamar ya no puede ocultar de la vista pública su vientre hinchado. Tamar está muy consciente de que el castigo por haber concebido un niño fuera del matrimonio es la muerte. Mientras avanza sola en el mundo, excepto por el bebé que crece dentro de ella, se enfrenta a una turba de aldeanos que la rodean mientras disfrutan de su desgracia.

Tamar está erguida como la Palma datilera por la que ella es nombrada. Está tranquila, segura de que su causa es justa. Solo necesita unas palabras para describir su situación a Judá. Cuando Tamar es traída, ella le da a su suegro un paquete y un mensaje. Examina estos a ver ¿de quién son el sello, el cordón y la vara? Estoy encinta del hombre al que pertenecen estos artículos.

El suspenso alcanza un clímax mientras Tamar se pone de pie, con la cabeza en alto frente al poderoso patriarca Judá y en medio de aldeanos enojados que están ansiosos por matar. Ella no sabe si su valor dará los resultados que esperaba ni si ella juntamente con su hijo que está por nacer será quemada viva. Después de ser confrontado con los artefactos, Judá retira su condena apresurada de la supuesta prostitución de su nuera.

Él no niega la verdad, sino que toma la responsabilidad y se culpa por haber desestimado la ley al no proveer para Tamar. Judá le da la bienvenida a Tamar a ser parte de su familia. Pero la Biblia señala firmemente que Judá y Tamar nunca volvieron a ser sexualmente íntimos. Seis meses después, Tamar da a luz a dos hijos gemelos, Fares y Zera.

No sólo se salva de no ser castigada, sino que los recién nacidos aseguran el futuro de lo que se convertirá en la tribu de Judá y establecen la línea ancestral que conduce al rey David y según la tradición cristiana, a Jesús.

La esencia de la historia de Tamar es que se niega a esconderse en un rincón oscuro de la casa de su padre y desaparecer de la historia. Aunque aparentemente impotente, no permite que Judá ignore sus derechos legales. Tamar logra con audacia escapar de dos tragedias: La miseria privada de una viudez solitaria y sin hijos y la ejecución pública de una mujer que se negó a aceptar tal destino.

Tamar, apasionada por tener un hijo, se niega a caer en la autocompasión o aceptar la injusticia de sus circunstancias. Ella mantiene su enfoque en sus metas y piensa creativamente y de manera constructiva sobre cómo lograrlas. Ella con valentía, audacia y resistencia produce lo que ella realmente desea y esa es la posición de una matriarca respetada en la familia de sus dos difuntos esposos.

Existe la creencia de que hay una seductora dentro de cada mujer; veamos las siguientes opiniones que se mantienen todavía de las siguientes mujeres infames. Tan pronto como ocurre algo de naturaleza sexual, la mujer involucrada se convierte en la principal sospechosa. Ella lleva más de la culpa y tiene que soportar la culpa mucho más tiempo que el hombre que está involucrado. Cuando hablamos del rey David lo asociamos con un corazón para Dios, música piadosa, poesía, joven héroe que luchó contra Goliat, su conducta confiable hacia Saúl el rey sin escrúpulos y el sueño que David ha tenido toda la vida de construir el templo de Dios.

Mencione el nombre de Betsabé y la primera y a menudo lo único que viene a la mente de la gente es su romance inmoral con el rey David. Es desalentador ver lo irremediables y unilaterales que pueden ser nuestros recuerdos. (Es hora de que las mujeres comiencen a examinar las Escrituras y empiecen a hablar honestamente acerca de las mujeres sin voces en la Biblia y no pasarlas por alto).

Rahab comenzó como prostituta cananea en Jericó (Josué 2). Incluso después de renunciar a la prostitución, arriesgando su vida para aceptar al Dios de Israel, casándose en la familia más respetable de Judá y criando a Booz, nunca logró deshacerse de su identidad original como ramera.

Rut la moabita, todavía no estamos muy seguros de lo que ella estaba haciendo en medio de la noche mientras dormía en la brecha del piso cuando se acurrucó hasta Booz y destapó sus pies.

La reputación de Betsabé se vio manchada para siempre por su romance adúltero con el rey David, un capítulo despreciable en el pasado de David que nunca habría sucedido si ella no se hubiera bañado a la vista del balcón del rey (2 Samuel 11:3).

¿Qué puede alguien decir en defensa de Tamar la nuera de Judá? ¿Una mujer audaz que tomó las cosas en sus propias manos quien se inclinó para hacerse pasar por una prostituta y sedujo a su propio suegro?

La Prostituta Misteriosa

Dos veces viuda en secuencia por los dos hijos mayores de Judá. Tamar sin hijos es notorio por el engaño a Judá, quien la embarazó sin darse cuenta de que la misteriosa prostituta a la que él contrataba para que ella haga el servicio era su propia nuera. La historia de Tamar es uno de esos pasajes que los pastores ignoran al leer la Biblia como si no fuera de ninguna importancia ni demasiado difícil de explicar. El tema difícilmente parece adecuado para una audiencia general y tratar de encontrar una aplicación práctica redentora para una congregación es un desafío.

El supuesto motivo de Tamar fue su desesperación por tener un hijo, un motivo que apenas justifica un comportamiento tan escandaloso y poco ortodoxo. Durante generaciones Tamar ha soportado la peor parte de los comentarios negativos al hacerse pasar por una prostituta que queda tan lejos del ámbito de la respetabilidad y que siempre ha sido un desafío tratar de preservar cualquier cosa útil de su historia.

Consecuentemente para Tamar el veredicto hace mucho tiempo fue el rotundo *culpable como se le acusa*. En los comentarios es reprendida arbitrariamente como una mujer inicua, una estafadora vengativa, una trampa a Judá y por su voluntad de comprometer cualquier cosa, incluso su pureza, sólo para tener un bebé. El pensar de esta manera, mientras alguien pueda recordar el caso que involucra a Tamar se darán cuenta de que ha sido un caso cerrado.

Si a esto le añadimos que pocas generaciones después, el nombre de Tamar resurgió dos veces cuando el rey David y su hijo Absalón nombraron a su hija hermosa en honor a su tatarabuela Tamar (2 Sam. 13:1; 14:27), un hecho aún más desconcertante porque en ese entonces un nombre era más que una etiqueta, era una representación del carácter y el destino de una persona.

En nuestra cultura, el nombre de un hombre sobrevive a través de un imperio corporativo que construye o a través de algún cargo o logro notable que le gana un lugar en los libros de historia. En tiempos antiguos, el nombre de un hombre vivía a través de sus hijos. Morir sin descendiente masculino significaba ser borrado de la historia.

<u>Plan de Emergencia por Extinción</u>

El mundo antiguo tenía un plan de emergencia para salvar a un hombre que ha fallecido sin hijos de la extinción aprovechando la Ley del Levirato (Levir es latín para el hermano de un esposo) Deut. 25:5-10.

En la época de Judá parece haber sido ya una costumbre establecida. Según está antigua costumbre, cuando un hombre fallecía sin tener un hijo, su hermano se casaría e impregnaría a su viuda. El hijo que naciera de esta unión hereda el nombre y la herencia del difunto. El hermano vivo que se negara a cumplir con este deber, caería bajo profunda desgracia.

La solución fue complicada porque obligaba tanto a la viuda como al hermano vivo a hacer costosos sacrificios para el hombre que había muerto. Su viuda no podía seguir adelante, y comenzar una nueva vida. Estaba obligada a tener honor para preservar el nombre de su marido. El hermano vivo se enfrentó a un dilema moral como lo mostraran las matemáticas simples de la economía.

El caso de Tamar se refería a tres hermanos, los tres hijos de Judá: Er, Onán y Sela. Según las antiguas leyes de herencia, Judá dividiría su patrimonio en cuatro partes iguales. El esposo de Tamar, Er, como el hijo mayor heredaría doble porción. En este caso, la mitad de la propiedad de Judá iría a él. Sus dos hermanos menores recibirían cada uno la cuarta parte de la herencia.

Cuando Er murió sin hijos, cambiaron las matemáticas para sus dos hermanos sobrevivientes. Ahora la misma propiedad se dividió de tres maneras con Onán (ahora en el lugar de Er el primogénito de Judá) obteniendo dos tercios en lugar de su una cuarta porción original más de lo que Er habría heredado si hubiera vivido.

El deber de la familia de producir un heredero para su hermano que había fallecido amenazó con estropearlo todo para Onán, que ahora estaba posicionado para disfrutar de las perspectivas financieras y los privilegios elevados del hijo mayor. ¡Qué conflicto de intereses!

Esto requería un sacrificio extraordinario que los lectores modernos no apreciarían naturalmente, pero Dios llama rutinariamente a su pueblo a hacer sacrificios unos por otros. El sacrificio por el bien de los demás viene con ser su mensajero y con un alto precio. Este deber familiar de producir un heredero para preservar el nombre de Er es esencial para entender el motivo de Tamar y es la clave para resolver el caso. Si los investigadores pierden esta prueba, los motivos de Tamar descienden a la desesperación de un bebé o peor la determinación de tomar represalias contra su suegro por haberla engañado (Gén. 38:8).

Los antecedentes de la historia de Tamar se centran en lo que estaba sucediendo con Judá, la presunta víctima de su crimen. Atrapado completamente por la historia de José el hermanastro de Judá, quien era el favorito de su padre Jacob. Judá y sus hermanos en una pasión celosa secuestraron y vendieron a José como esclavo. La alianza de este crimen contra su hermano que hoy constituiría un delito grave y los sonidos de las desesperadas súplicas de José por la misericordia, atormentaron a sus hermanos desde ese día en adelante (Gén. 42:21).

El episodio de Judá y Tamar cambia el guión e interrumpe este drama, así como José está encadenado y arrastrado a Egipto. Como un guionista de novela, el narrador lleva al lector al suspenso del secuestro de José, luego desvía la cámara a un razonamiento mucho menos interesante sobre la familia de Judá. Pero el argumento de Judá es clave y el narrador lo introduce con gran habilidad en la historia de José con un efecto poderoso. El impacto de las acciones de Tamar en Judá añade un giro inesperado a su caso.

Matrimonio Espantoso

Judá encontró a una esposa para Er, su primogénito (Gén. 38:6). Muchas parejas hablan de las luchas de ese primer año de matrimonio. El matrimonio de Tamar fue una pesadilla según el estándar de cualquiera. La Escritura nos dice que su nuevo esposo era malvado a la vista de Dios, pero nos ahorra los detalles espantosos. Ella vivía con la maldad de Er todos los días.

Un matrimonio aburrido e infeliz es bastante malo. El matrimonio con un hombre malvado está en una liga propia. El matrimonio de Tamar con Er fue la antítesis de la santísima alianza de un matrimonio perfecto. Nadie sabe lo que sufrió Tamar, pero todo lo que sabemos es que sufrió. La iniquidad de Er fue tan terrible que Dios intervino y le quitó la vida.

Cualquiera alivio que Tamar sintiera por la muerte de su marido fue de corta duración. Una vez más Dios intervino. Lo que hizo Onán, su segundo marido, fue perverso a los ojos de Dios (Gén. 38:10). De repente, Judá se quedó con un hijo vivo y cada vez estaba con más sospechas, de que era Tamar el problema y un peligro para sus hijos.

Judá tenía miedo de que el matrimonio con Tamar le costara la vida a su tercer hijo, Sela, así que obstaculizó el trato enviando a su nuera a la casa de su padre para vivir como viuda hasta que su hijo menor fuera adulto. Tamar cumplió, pero permaneció bajo la autoridad de Judá y legalmente prometida a Sela.

Tamar conocía su deber, pero Judá estaba entorpeciendo su camino. La desgracia de no tener hijos sería mucho peor si se eliminara el nombre de su marido. No tenía remedio legal. Nadie habló en su defensa. Tamar estaba en un dilema imposible. Una vez convencida de la intención de Judá, un cambio notable vino sobre ella. Hasta este punto Tamar había aceptado un papel pasivo. Siempre fue el objeto de la acción.

Judá la adquirió para su hijo Er y luego la entregó a Onán y finalmente la envió a su casa para esperar a su tercer hijo, Sela. Cuando Tamar se enteró de que Judá acababa de recuperarse de ser viudo y se dirigía a la esquila de sus ovejas, Tamar vio una ventana de oportunidad que ella aprovecharía.

En una avalancha de acción deliberada, Tamar se quitó las vestimentas de viuda junto con su pasividad y se puso su velo para representar a una prostituta, ocultó su verdadera identidad y se puso en el camino de Judá. Tamar determinó que se aprovechará de su soledad ya que él ha estado sin esposa desde hace algún tiempo. Evidentemente, Tamar conocía a Judá lo suficientemente bien como para saber que su plan tendría éxito. Ella no lo estaba derribando porque ya él estaba deprimido. Judá vio a la prostituta, se acercó a ella y comenzó la negociación.

Judá no desperdició su tiempo y fue directo al punto. Ven ahora, déjame dormir contigo (Gén. 38:16). Tamar negoció como una empresaria práctica y realista, primero haciendo un pago exigente, y luego dejándole fijar el precio. Claramente Judá estaba actuando por impulso, porque no había prometido pagar los servicios. Aunque más tarde él entregaría uno.

Esta vez Tamar exigió una promesa y hábilmente estableció los términos ella misma pidiendo su sello y la vara en su mano. El sello era un anillo o cilindro grabado hecho de piedra o metal que un hombre llevaba alrededor de su cuello en un cordón. Al entregar estos elementos, Judá demostró la intención que estaba en conseguir lo que quería. Parafraseando este momento, Tamar dejó la escena del crimen con el equivalente de la identificación de Judá, la tarjeta de crédito y la licencia de conducir.

Encinta y Culpable

Judá se enteró de que su nuera estaba encinta y culpable de prostitución. En un arrebato indignado, el veredicto escandaloso de Judá condenó a Tamar y la condenó a morir por un crimen que sabía que había en su propio pasado. ¡Tráela y haz que la quemen hasta morir! (Gén. 38:24). Esto ciertamente demuestra el poder absoluto que Judá tenía sobre Tamar, incluso mientras ella vivía con su padre.

Mientras la sacan a la vista, ella envía un mensaje a su suegro con evidencia que lo detiene. Estoy encinta del hombre dueño de estos elementos. ¿A ver si reconoces quién es el dueño de este sello, cordón y vara? (Gén. 38:25). Tamar hizo la pregunta, porque tenía la evidencia y el veredicto.

Éste fue un momento decisivo para Judá, el instante revelador cuando el pródigo llega a sus sentidos. La audaz confrontación de Tamar tuvo el mismo efecto en Judá que las palabras que le dijo el Profeta Natán a David después de su relación con Betsabé, *usted es ese hombre* (2 Sam. 12:7).

El rey David rompió en arrepentimiento. Las palabras de Judá hacen agujeros en las teorías de que Tamar simplemente estaba tratando de tomar medidas de represalia contra él o estaba desesperada por un bebé. Según Judá, algo más profundo llevó a su nuera a medidas tan radicales. Se dio cuenta rápidamente y la llamó justa.

Alivio contra la maldad

Durante muchas generaciones, los comentaristas han intentado corregir este descuido justificando las palabras de Judá, enfatizando el engaño de Tamar, condenando sus acciones e incluso defendiendo a Judá. Según la Biblia, Tamar era justa. Ella se puso del lado de Dios e hizo lo que era correcto.

La vida justa es un tema recurrente en el libro de Proverbios, un enfoque vigorizador de las formas de vivir, mientras la iniquidad destruye y mata. Incluso aquí, las acciones justas de Tamar se encuentran en un fuerte alivio contra la iniquidad de los hijos de Judá.

Judá no pudo haberle pagado a Tamar un cumplido más alto que llamarla justa. Estaba diciendo que ella ha hecho lo que es correcto. Ella ha hecho lo que agrada a Dios y yo no.

Para decirlo más claramente, Judá se involucró deliberadamente en el acto de prostitución. Tamar luchó por su familia. Judá está buscando placer para sí mismo. Tamar está poniendo su vida por otros.

Tamar es una guerrera ganadora que rescata a los hombres. Lleva a cabo un rescate impresionante de los dos hijos muertos de Judá con sus gemelos, Fares y Zera. Ella salva tanto a Er como a Onán de la extinción a pesar de su maldad. Pero Tamar también rescató a Judá.

El choque con ella detuvo su precipitada decadencia espiritual. Impulsado por el rechazo y la furia celosa por la preferencia de su padre por Raquel sobre su madre Lea y por haber favorecido a los hijos de Raquel, José y Benjamín, sobre Judá y sus hermanos y fue Judá quien dirigió la conspiración contra José e instigó venderlo como esclavo.

Herido y enfurecido, Judá dejó a sus hermanos y emigró al territorio cananeo. Vivió entre cananeos, forjó alianzas con cananeos, se casó con una mujer cananea y finalmente comenzó a comportarse como ellos. Judá era un hombre fuerte, decidido y perdido. Pero se encontró con su rival en Tamar.

Pero ni siquiera Tamar viviría para ver el impacto total de sus esfuerzos. Miles de años después, la línea de sangre de su hijo mayor, Fares, se convirtió en el hilo de oro que mantiene unido el tapiz real de la verdad y que conectaba la promesa de Dios en el Jardín del Edén con un redentor y con el nacimiento de Jesús en Belén.

La gloria suprema de los esfuerzos de Tamar se produjo cuando el nombre de Jesús fue inscrito en la rama de Fares en el árbol genealógico de Judá.

Lo que significa ser mujer

Tamar añade una pieza interesante y sumamente necesaria a nuestra discusión. No podemos entender nuestra vocación como mujeres y nunca entenderemos relaciones entre hombres y mujeres, hasta que Tamar participe en la formación de nuestras conclusiones.

Tamar vuelve a poner vigor en nuestra definición de lo que significa ser mujer. La carta de Pablo a los efesios instó a los creyentes a ser fuertes en el Señor y a armarse como guerreros dispuestos a enfrentarse a los planes del diablo (Ef. 6:10-18).

En realidad, en algunos ambientes las mujeres se sienten cómodas con este tipo de concepto e idioma y pelean muchas batallas justas. Las mujeres son muy visibles en todo tipo de campañas y organizaciones sociales. No tenemos miedo cuando luchamos por nuestros hijos, construimos relaciones y mejoramos nuestras carreras. Las mujeres son persistentes cuando se trata de desarrollar y promover los intereses de las mujeres y los niños.

Nuestra audacia desaparece cuando se trata de los hombres en nuestras vidas, pero ahí es donde Tamar nos lleva. No estaba luchando por sus derechos ni estaba en guerra con Judá.

Las mujeres están llamadas a estar en contra del mal, a ser líderes para los propósitos de Dios, a investigar dónde están los hombres dirigiendo y a ser partícipes de sus diálogos. *Porque si no estás invitada a la mesa, posiblemente te tengan participando involuntariamente en el menú.*

Tamar rompe la definición tradicional de lo que significa ser mujer al enfrentarse al hombre más poderoso de su vida, a su suegro y al patriarca tribal. Durante un tiempo, ella quita los símbolos de autoridad del hombre que le dice con quién casarse y dónde vivir, un hombre que puede condenarla a la muerte sin responder a nadie.

Judá le dio a Tamar las calificaciones más altas por su conducta y aceptó su represión merecida. Sus acciones no lo emascularon ni lo afeminaron, ya que se nos advierte que eso es lo que sucederá si una mujer toma la iniciativa.

Ella no le robó a Judá su masculinidad. Por el contrario, se convirtió en un mejor hombre como resultado del encuentro que tuvo con ella. Uno se pregunta, ¿qué habría sido de Judá si Tamar hubiera mantenido la paz y se hubiera estado pasiva sin hacer nada? La fuerza de una mujer es un arma poderosa para el rescate, la sanidad y la paz cuando mujeres como Tamar son fuertes en el Señor.

Hoy, queremos rehabilitar a Tamar como un modelo fuerte a seguir para las mujeres y explorar la importancia de su ejemplo justo para nosotros. La historia de Tamar se encuentra en Génesis 38; Rut 4:12; Mat. 1:3.

Matrimonio Levirato

Primero, la historia sirve como el fundamento bíblico para el misterioso ritual del matrimonio del Levirato. Este ritual, que se elabora en la Biblia, requiere que un hermano impregne a su viuda cuñada si su hermano ha fallecido y la ha dejado sin hijo varón. El matrimonio Levirato está diseñado para proteger la línea de sangre del hermano que está muerto para que su nombre no sea borrado.

La breve viñeta de Judá y su nuera disfrazada Tamar aparece en medio de la historia de José. Pero por cualquier razón, pareciera lo suficientemente importante como para insertar en la historia bíblica.

En la historia de Tamar, Judá, el cuarto hijo de Jacob, se casa con una mujer cananea que le da tres hijos. Judá arregla que su hijo mayor, Er, se case con Tamar. Dios encontró que Er era malvado y le quito la vida. Los comentaristas especulan sobre la naturaleza precisa del mal de Er, y algunos especulan que fue el mismo pecado por el que su hermano menor Onán murió que fue por haber derramado su semilla para evitar impregnar a Tamar.

Judá instruyó a su hijo Onán para que cumpliera su deber de Levirato impregnando a su cuñada. ¿Te imaginas tener que ser puesta en una situación en la que tienes que ser impregnada por el hermano que es el siguiente en la línea y no quieres porque no es de tu agrado y/o tiene otros problemas?

Onán se enfrentó ahora a un conflicto claro de interés. Si cumpliese con su deber de Levirato y fuera capaz de producir un heredero masculino, Onán se privaría a sí mismo y a sus futuros hijos de la herencia de Judá. De la manera que estaban las cosas, Onán era el hijo mayor y heredero de Judá.

Pero si Tamar tuviera un hijo varón, ese hijo es el hijo de Er por ley y se convertiría en el heredero principal, ya que la línea de Er continuaría a través de ese hijo.

No nos debe extrañar, Onán sabiendo que la semilla no sería suya, se involucró en interrumpir el proceso sexual y deliberadamente derramó su semilla en el suelo para no proveer semilla para su hermano.

Cualquiera que fuera la práctica del acto, Dios no estaba contento con la obvia omisión de Onán del deber de Levirato y él también le quito la vida a Onán. Esto dejó a Tamar con dos parejas sexuales muertas y sin semilla.

Dos Muertos y Sin Semilla

Su suegro Judá, tenía un tercer hijo. Judá se vio obligado de prometer a Tamar la semilla de su hijo menor, Sela. Lo hizo, pero sin tener la intención de cumplir su promesa, ya que le preocupaba que el sexo con Tamar llevara algún tipo de maldición de viuda negra.

Dicho esto, Judá ordena a Tamar que regrese a vivir con la familia de su padre hasta que Sela se haya convertido en un adulto, con la esperanza de que la distancia la disuada de aferrarlo a su promesa.

La respetuosa nuera sigue el mandato de Judá y regresa a su aldea. Eventualmente se da cuenta de que ha sido engañada. Sela, que ahora ha crecido nunca va a cumplir con su deber de Levirato y ella va a terminar siendo una viuda sin hijos, sin reclamar la fortuna de Judá y ningún estatus en la tribu de Judá.

Con el beneficio de algún conocimiento bíblico tenemos en cuenta de que esto no podría permitirse que suceda ya que Tamar se establece para convertirse en la ascendente del rey David, del profeta Isaías, y del Mesías.

De hecho, Tamar es la mejor y última esperanza de que Judá tenga herederos varones, ya que sus dos primeros hijos fueron derribados antes de engendrar hijos y al seguir esta historia del punto bíblico el hijo menor prácticamente desaparece y no parece haber engendrado ningún hijo.

Todo el futuro del pueblo judío que eventualmente deriva de la tribu de Judá está ahora en riesgo y más precisamente en manos del vientre vacío de Tamar. Tamar debe engendrar un hijo varón de la semilla de Judá. ¿Te imaginas tener que ir hasta la cabeza patriarcal en este caso al suegro Judá para quedar encinta?

Según algunos comentaristas, Tamar había recibido el don de la profecía y sabía que estaba destinada a convertirse en la madre de la línea real de David y de los antepasados de Isaías. Tamar debe darle al destino un empujón en la dirección correcta.

Convencida de que Judá nunca dejará que Sela la impregnara, las acciones de Tamar nos trasladan a la siguiente trama de esta historia compleja.

Tamar se aprovecha de dos hechos de los que acaba de conocer y es que Judá ha enviudado recientemente y que está a punto de pasar por un camino no muy lejos de su pueblo.

Tamar está decidida de llevar la semilla de Judá, sino por medio de sus hijos, entonces por medio de Judá mismo. Se viste de ramera y se sienta al lado de la carretera con el rostro cubierto con un velo.

Judá le propone y acuerda pagarle con macho cabrío a cambio de sexo. Un comentario antiguo de las escrituras hebreas considera esto como una cuota extraordinaria para tales servicios ya que la compensación habitual por el sexo con una ramera era una hogaza de pan.

Tamar también usa la ropa y el velo de una ramera para engañar a Judá, así como Judá usó la ropa de José para engañar a Jacob. Tamar acepta la propuesta de Judá y exige una promesa hasta que pueda hacer arreglos para que el macho cabrío sea enviado a ella. Le da su sello y su vara, tienen sexo y ella queda encinta.

Cuando Judá regresa a su casa él está decidido en pagar su deuda con la ramera y recuperar sus posesiones. Pero su mensajero no puede encontrar rastro de ninguna ramera cerca del lugar donde Judá encontró a la mujer con velo. Mientras tanto, se le dice a Judá que su nuera viuda está encinta, aparentemente porque estaba andando de ramera (hipocresía en su mejor momento, Judá no cumplió su promesa, podría haberse olvidado de la promesa, pero Tamar no se olvidó).

Furioso por esta deshonra familiar, Judá exige que Tamar sea llevada a él y quemada. Pero la astuta Tamar produce el sello y la vara y declara que está encinta por el hombre a quien le pertenecen esos artículos.

Enfrentado a la evidencia y arrepentido, Judá revoca la sentencia de muerte, proclamando que Tamar es más justa que él, ya que había incumplido su promesa de dársela a su hijo Sela. Esta parte de la historia termina con Judá no la volvió a conocer (Gén. 38:26).

La historia de Tamar nos cuenta mucho sobre el estado de dependencia de las mujeres durante los tiempos bíblicos. En general el sistema estaba muy ponderado contra las mujeres y en particular contra las viudas sin hijos. Tamar entendía que no estaba en condiciones de exigir sus derechos. Por lo tanto, recurrió a un enfoque común en el libro de Génesis que es el engaño.

Si algunos de los libros posteriores de la Biblia glorifican la violencia, se puede decir sin equivocación que Génesis acepta el engaño como una manera de lograr los derechos legítimos o el destino propio de uno.

Tamar está en la buena compañía de Abraham que engañó al faraón y a Abimelec; Isaac que engañó a Abimelec; Jacob que engañó a Esaú dos veces y a su padre, Isaac; Labán que engañó a Jacob y así sucesivamente.

Típico del libro de Génesis, el engaño de Tamar es parte de un ciclo de engaño. Es una venganza para Judá engañándola y haciéndole creer que su tercer hijo cumpliría la obligación de Levirato y para Onán engañándola a tener relaciones sexuales con la expectativa falsa de impregnación. Tamar no es victimizada por más engaño, ni es criticada por haber engañado a Judá para que la impregnara.

De hecho, es alabada por el hombre que ella engañó y es recompensada por haber dado a luz a los gemelos que se convierten en los progenitores del pueblo judío y dos de sus héroes más grandes, así como el Mesías.

Esta historia, como varias otras en Génesis, refleja ambivalencia sobre las reglas de estatus que prevalecieron en los tiempos bíblicos. Así como Jacob el segundo recién nacido es alabado por haber asegurado sus derechos y destino frente a la primogenitura, Tamar también es elogiada por su determinación e ingenio frente a las reglas sociales que hacen que una viuda sin hijos no tenga ningún valor.

Los héroes no cambian las reglas, sino que triunfan por medio de sus manipulaciones creativas del sistema. Tamar no emplea violencia, sólo astucia. Sus engaños son proporcionales y racionales. Emplea autoayuda para evitar un castigo injusto.

La Biblia parece estar sugiriendo un precursor de la doctrina de la ley común de la necesidad, bajo la cual normalmente las acciones ilegales están justificadas si es necesario para prevenir un mal peor.

Además de presagiar una defensa legal de necesidad, la historia de Tamar es también el primer relato bíblico de un juicio criminal. Pero por más primitiva que sea, la citación y sentencia de Tamar por parte de Judá es un procedimiento legal. Tamar puede presentar su caso e invertir el juicio. Judá es legislador, fiscal, juez, jurado y verdugo.

Afortunadamente para Tamar, es un déspota benevolente que está dispuesto a reconocer el error de sus caminos. Judá no gobierna porque sea justo ni porque la gente lo haya seleccionado, sino por su estatus como cabeza de su tribu.

Sin embargo, Tamar físicamente impotente para luchar contra la discriminación y la marginación, tuvo que recurrir a métodos de autoayuda como con un engaño porque era en los que confiaba. Aunque ella jugaba según las reglas establecidas por los anfitriones cristianos, aprendió a usar estas reglas para su ventaja.

Visto de esta manera, la narrativa de la astucia y el ingenio se convierte en un cuchillo cortante en ambos sentidos. Con respecto a Tamar, no solo se justifica el engaño sexual de Tamar como necesario para cumplir su destino, sino que Judá también es absuelto de haber pagado por sexo con una ramera.

No es raro encontrar sobrevivientes adultos que continúan ministrando a los deseos y necesidades de aquellos que una vez abusaron de ellos y que continúan permitiendo intrusiones mayores sin parámetros ni límites.

CAPÍTULO 6
TRAUMA Y RECUPERACIÓN EN EL ABUSO INFANTIL

El trauma repetido en la vida adulta destruye la estructura de la personalidad ya formada, pero el trauma repetido en la infancia forma y deforma la personalidad.

<u>Defensas psicológicas</u>

El entorno patológico del abuso infantil obliga el desarrollo de capacidades extraordinarias, tanto como creativas y como destructivas. Los sobrevivientes afortunados que han encontrado una manera de tomar el control de su propia recuperación se han convertido en los sujetos de su propia búsqueda de la verdad en lugar de los objetos de la inquisición.

La experiencia de los sobrevivientes es un síntoma clásico e histérico y psiquiátrico que incluye convulsiones, amnesia psicogénica, anorexia, promiscuidad en la adolescencia, disfunción sexual, relaciones íntimas perturbadas, depresión y suicidio asesino en la vida adulta. Vías de desarrollo de víctima a paciente psiquiátrico y de paciente a sobreviviente.

El ambiente abusivo que tiene lugar en un clima familiar de terror generalizado en el que las relaciones ordinarias de cuidado, han sido profundamente perturbadas. El temor omnipresente a la muerte, el sentimiento abrumador de desesperanza y el carácter impredecible de la violencia se recuerdan en el testimonio de numerosos sobrevivientes en los que el niño es silenciado por la violencia o por una amenaza directa de asesinato; a menudo, los sobrevivientes reportan amenazas de que la resistencia o la revelación de información resultarán en la muerte de otra persona en la familia.

Se desarrolla y se requiere un estado de alerta constante y la capacidad de buscar señales de alerta de ataque a los niños en un ambiente abusivo. Los niños describen sus esfuerzos para llegar a ser lo más discretos que puedan para evitar atraer la atención a sí mismos o mantener su rostro sin expresión, mientras que viven en un estado constante de hipervigilancia autonómica.

Ahora es un lugar común que las familias en las que se produce el abuso infantil estén socialmente aisladas, lo que se impone por las reglas del abusador en el interés de preservar el secreto y el control sobre otros miembros de la familia. La niña siente que haya sido abandonada a su suerte. En este clima de relaciones profundamente perturbadas, el niño enfrenta una tarea formidable de desarrollo.

Ella debe desarrollar un sentido de sí mismo en relación con otros que son indefensos, no afectuosos, ni crueles. Debe desarrollar una capacidad de autorregulación corporal en un entorno en el que su cuerpo esté a disposición de las necesidades de los demás.

Ella debe desarrollar una capacidad de intimidad fuera de un ambiente donde todas las relaciones íntimas son corruptas. Aunque se percibe a sí misma como abandonada a un poder sin misericordia, debe encontrar una manera de preservar la esperanza y el significado.

Las adaptaciones psicológicas de la niña maltratada sirven para el propósito fundamental de preservar su apego primario a sus padres, el abuso está aislado de la conciencia y la memoria, de modo que no sucedió realmente, ni minimizado, racionalizado y excusado, de modo que lo que sucedió no fue realmente abuso. Incapaz de escapar o alterar la realidad insoportable de hecho, la niña lo altera en su mente, ella trata de mantener el abuso un secreto sobre ella misma.

Cuando es imposible evitar la realidad del abuso, la niña debe construir algún sistema de significado que lo justifique. Inevitablemente, la niña concluye que su maldad innata es la causa de ello y le permite preservar un sentido de significado, esperanza y poder.

La auto-culpa es congruente con las formas normales de pensamiento de la primera infancia en las que el yo se toma como el punto de referencia para todos los acontecimientos. Es congruente con los procesos de pensamiento de personas traumatizadas de todas las edades que buscan adultos en su propio comportamiento en un esfuerzo para dar sentido a lo que les ha sucedido.

Por último, el sentimiento de insensibilidad de la niña maltratada se ve agravado por su complicidad forzada en crímenes contra otros. En la explotación sexual organizada, la plena iniciación de la niña en el culto o el círculo sexual requiere la participación en el abuso de otros. El lenguaje de sí mismo se convierte en un lenguaje de abominación.

Algunos usan las imágenes de excrementos o inmundicias para describir su sentimiento interior de sí mismo. Al desarrollar una identidad contaminada y estigmatizada, la niña víctima toma el mal del abusador en sí misma y, por lo tanto, preserva sus principales apegos a sus padres.

El profundo sentido de maldad interior se convierte en el núcleo alrededor del cual se forma la identidad de la niña abusada, y continúa en la vida adulta. En el esfuerzo por apaciguar a sus abusadores, la niña víctima a menudo se convierte en una destacada artista.

En la vida adulta, el aprecio de los demás simplemente confirma su convicción de que nadie puede saber realmente quién es y qué es, si se revelara su yo secreto y verdadero, sería rechazada y vilipendiada.

Si la niña abusada es capaz de salvar una identidad más positiva, a menudo implica los extremos del sacrificio propio. Los niños maltratados a veces interpretan su victimización dentro de un marco religioso de propósito divino. En las tribus primitivas, las vírgenes jóvenes son sacrificadas a dioses masculinos furiosos. En las familias es lo mismo.

En las situaciones más extremas, estas representaciones distintas de uno mismo forman el foco de las personalidades alteradas y disociadas. En sus desesperados intentos de preservar su fe en sus padres, la niña víctima desarrolla imágenes altamente idealizadas de al menos un padre. Más comúnmente, la niña idealiza al padre que es abusivo y desplaza toda su rabia hacía el padre no ofensor.

El abusador también puede fomentar esta idealización condicionando a la niña víctima y a otros miembros de la familia en su propio sistema de creencias paranoicas o grandiosas. La experiencia real de padres abusivos o negligentes no puede integrarse con estos fragmentos idealizados. La niña abusada no puede formar representaciones internas de un cuidador seguro y consistente.

En el curso del desarrollo normal, un niño logra un sentido seguro de autonomía mediante la formación de representaciones internas de cuidadores confiables y responsables, representaciones que pueden ser evocadas mentalmente en momentos de angustia. Bajo condiciones de abuso infantil crónico, la fragmentación de la conciencia impide la integración ordinaria del conocimiento, la memoria, los estados emocionales y la experiencia corporal. La fragmentación en las representaciones internas del yo impide la integración de la identidad.

Auto-lesión una forma de Auto-preservación

Aunque la niña ha racionalizado el abuso o lo ha desterrado de su mente, continúa manifestando sus efectos en su cuerpo. La regulación normal de los estados corporales se ve interrumpida por la hipervigilancia crónica.

Incapaz de regular las funciones biológicas básicas de una manera segura, consistente y reconfortante, muchos sobrevivientes desarrollan síntomas de sufrimiento corporal crónico, terror, rabia y dolor. Estas emociones finalmente se unen en un sentimiento terrible que los psiquiatras llaman disforia.

Es un estado de confusión, agitación, vacío y soledad absoluta. El estado emocional de la niña abusada crónicamente va desde una línea de base de inquietud, a través de estados intermedios de ansiedad y disforia, hasta extremos de pánico, furia y desesperación. No nos debe extrañar que muchos sobrevivientes desarrollen ansiedad crónica y depresión que persisten en la vida adulta.

El estado emocional, generalmente evocado en respuesta a las amenazas percibidas de abandono, no puede terminarse por medio ordinarios de su propia calma. Los niños maltratados descubren en algún momento que la sensación puede terminarse con mayor eficacia por una sacudida importante al cuerpo. El método más dramático para lograr este resultado es a través de la inflicción deliberada de lesiones.

Los sobrevivientes que se auto mutilan describen un profundo estado disociativo que precede al acto. La despersonalización, la desrealización y la anestesia van acompañados de una sensación de agitación insoportable y compulsión para atacar el cuerpo. La autolesión no tiene la intención de matar, sino de aliviar el dolor emocional insoportable como una forma de auto-preservación.

Estas tres formas principales de adaptación: la elaboración de defensas disociativas, el desarrollo de una identidad fragmentada y la regulación patológica de los estados emocionales permiten al niño sobrevivir en un ambiente de abuso crónico.

<u>Escape y libertad de niños</u>

Muchos niños abusados se aferran a la esperanza del que crecer traerá escape y libertad. El sobreviviente se queda con problemas fundamentales en la confianza básica, la autonomía y la iniciativa. Estas distorsiones no son fácilmente corregidas por la experiencia, ya que el sobreviviente tiende a carecer de las habilidades verbales y sociales para resolver conflictos.

Casi inevitablemente, la sobreviviente tiene grandes dificultades para protegerse en el contexto de las relaciones íntimas. El anhelo de cariño y cuidado hace difícil establecer límites seguros y apropiados con los demás. Sus hábitos de obediencia a menudo inconscientes también la hacen vulnerable a cualquier persona en una posición de poder o autoridad. Su estilo defensivo disociativo hace que sea difícil de formar evaluaciones conscientes y precisas del peligro.

Por todas estas razones y con respecto a las mujeres, la adulta sobreviviente corre un gran riesgo de victimización repetida en la vida adulta. Por lo tanto, la niña víctima, ahora crecida, parece destinada a revivir sus experiencias traumáticas no sólo en la memoria, sino también en la vida diaria.

No es raro encontrar sobrevivientes adultos que continúan ministrando a los deseos y necesidades de aquellos que una vez abusaron de ellos y que continúan permitiendo intrusiones mayores sin parámetros ni límites. Los sobrevivientes adultos pueden atender a sus abusadores en enfermedad, defenderlos en adversidad, y en casos extremos, seguir sometiéndose a sus demandas sexuales.

Los sobrevivientes de abuso infantil son mucho más propensos a ser víctimas o a hacerse daño a sí mismos que a victimizar a otras personas. A medida que los sobrevivientes intentan negociar relaciones con adultos, las defensas psicológicas formadas en la infancia se vuelven cada vez más disfuncionales.

A medida que la sobreviviente, lucha con las tareas de la vida adulta, el legado de su infancia se vuelve cada vez más gravoso. Eventualmente, a menudo en la tercera o cuarta década de vida, la estructura defensiva puede comenzar a descomponerse.

La fachada ya no se puede sostener, y la fragmentación subyacente se manifiesta. Cuando y si un fracaso ocurre, puede tomar formas sintomáticas que imitan prácticamente todas las categorías de trastorno psiquiátrico.

Definición de Acoso Sexual

Los avances sexuales no deseados, las solicitudes de favores sexuales y otras conductas verbales o físicas de naturaleza sexual constituyen acoso sexual cuando:

1. La sumisión a tal conducta se hace explícita o implícitamente un término o condición del empleo de una persona;

2. La sumisión o el rechazo de tal conducta por parte de una persona se utiliza como base para las decisiones de empleo que afectan la dicha persona;

3. Tal conducta tiene el propósito o efecto de interferir injustificadamente con el desempeño laboral de una persona o crear un ambiente de trabajo intimidante, hostil u ofensivo.

El acoso sexual también va más allá de lo que está cubierto por ser ley. El acoso sexual tiene que ver con el poder masculino y el desempoderamiento femenino. El acoso sexual ocurre en las calles, en los subterráneos y en todos los lugares donde las mujeres se atreven a moverse libremente en la sociedad. Las mujeres son vistas en la mitología patriarcal como una clase de sirviente sexual para hombres.

Los hombres están rodeados de imágenes de mujeres como propiedad visual. Crea un ambiente de estrés, inseguridad y miedo que reduce toda la identidad, el papel y el valor de la mujer, solo a la sexualidad. Degrada su confianza, su iniciativa, e incluso su salud con consecuencias directas a su capacidad de trabajar competitivamente bien.

<u>Acoso Sexual</u>

A medida que las mujeres jóvenes crecen, nos volvemos más sabias, más resistentes e inmunes a todas las formas menos las más flagrantes de acoso. Aunque a menudo se considera una de las formas más leves de violencia contra las mujeres, porque no suele dar lugar a moretones ni heridas visibles, el acoso sexual debe considerarse una forma grave de violencia.

El acoso sexual también ocurre en los ambientes de la iglesia y cuando el ofensor es pastor o consejero pastoral, hay aspectos adicionales a la traición de una confianza sagrada y la explotación de feligreses y clientes vulnerables.

El acoso sexual golpea el núcleo de la dignidad y la autoestima de una persona, precisamente porque es sexual. El acoso sexual también es un ataque espiritual porque erosiona y ataca la dignidad, la identidad y el valor de la víctima.

El acoso sexual es experimentado por las víctimas como guerra en el corazón de los hombres, aunque su discurso puede ser más suave que la mantequilla (Sal. 55:21). Si queremos predicar el evangelio de la paz, esto no es solo un asunto entre naciones, sino también dentro de nuestras propias comunidades y dentro de la conducta corporativa de la misma iglesia.

CAPÍTULO 7
VIOLACIÓN: LA AMENAZA DE MUERTE

La violación es una verdad social que suele estar cubierta por el silencio, el secreto y la negación. Una de cada tres mujeres será violada en su vida en este país. Los niños y los hombres también son violados por otros niños y hombres. Uno de cada cinco o seis niños son agredidos sexualmente antes de los dieciocho años. El 50 al 90 por ciento de los casos, las violaciones siguen sin ser reportadas.

Las víctimas temen que se les pase por un proceso terrible donde ellas mismas sientan que son las que están en juicio. Los estudios confirman lo que las mujeres ya han sospechado durante décadas y es que el sistema de justicia no les servirá ni las protegerá de sus violadores.

El miedo a la violación es simplemente una parte del tejido de la vida cotidiana de las mujeres. Es como un ruido de fondo en la vida de cada mujer, una estática que interfiere con sus movimientos, sus opciones y su libertad.

Las violaciones son tres a cuatro veces más propensas a ser llevadas a cabo por conocidos que por extraños. Las violaciones son cometidas por amigos y maridos. La violación cambia vidas para siempre.

La violación obliga a las mujeres a empezar de nuevo. La violación tiene efectos secundarios y graves. Las víctimas de violación tienen tres veces más probabilidades de las que no son víctimas de delitos de sufrir depresión grave, contemplar el suicidio y tener más probabilidades de tener problemas con las drogas y el alcohol.

La violación es una relación sexual ilegal con una mujer sin su consentimiento. La violación por la fuerza física es en realidad un subconjunto de violaciones en las que se utiliza la fuerza física o la amenaza de la fuerza.

La violación en citas amorosas o la violación por conocidos pueden implicar otras formas violentas de coerción.

La violación es la entrada forzosa en las partes más privadas, más vulnerables y posiblemente más sagradas del cuerpo humano, como tal es un crimen espiritual, así como físico.

La violación es un acto de agresión en el que se le niega a la víctima su libre determinación. Sin embargo, un acto de violencia, si no es seguido de palizas ni asesinatos, siempre lleva consigo la amenaza de muerte.

La violación es una forma de terrorismo masivo, ya que las víctimas de la violación son elegidas indiscriminadamente, pero los propagandistas de la supremacía masculina transmiten que son las mujeres las que causan la violación por ser poco éticas o en el lugar equivocado en el momento equivocado.

La violación es todo el odio, el desprecio y la opresión de las mujeres en esta sociedad concentrada en un solo acto.

Tipología de Nicholas Groth. Nicholas Groth ha descrito tres tipos de violación, basada en el objetivo del violador.

El objetivo de este violador es humillar, degradar y herir a su víctima; expresan su desprecio por su víctima a través de la violencia física y el lenguaje profano.

Groth ha desarrollado una tipología triple de violadores: aquellos que utilizan la agresión sexual para descargar la ira degradando y humillando a sus víctimas.

Aquellos que violan con el fin de compensar los sentimientos de impotencia al dominar a una víctima en el área de su mayor vulnerabilidad; y aquellos a quienes él etiqueta como sádico, derivando la satisfacción erótica de la dominación sexual y la tortura.

<u>Mitos de violación</u>

- ❖ La violación es un acto impulsivo, más allá del control del violador.
  - las estadísticas han demostrado que la violación es más frecuente que no premeditada.
  - el alcohol tampoco causa violación, aunque puede ser un desinhibidor.

- ❖ El atractivo sexual es de importancia primordial en la selección de objetivos. Las mujeres jóvenes hermosas son más propensas a ser violadas.
  - en realidad, las mujeres de todas las edades, desde los bebés hasta las ancianas, son violadas.
  - un hombre ataca a alguien que es accesible y vulnerable.

- ❖ La violación es un acto de pasión sexual.
  - los estudios de violadores han demostrado la satisfacción sexual como secundaria o ausente.
  - los motivos principales incluyen el poder, la dominación, la venganza, el odio a las mujeres y el deseo de humillación.
  - la violación es un acto de agresión e intimidación realizado por medios sexuales.
  - la violación de pandillas añade las dimensiones de la presión de los compañeros, la tentación y la psicología de grupos para crear una mentalidad de escuadrón en la que se aflojen las inhibiciones de los individuos para cometer crímenes.

- ❖ Ninguna mujer puede ser violada contra su voluntad.
  - en muchos casos, el miedo es tan inmovilizador que un perpetrador no necesita usar la fuerza extrema para lograr la violación.

- ❖ Las mujeres secretamente quieren ser violadas.
  - las mujeres no quieren ser violadas, ella no lo pidió.
  - el momento que una mujer dice NO es el punto decisivo entre

seducción y juego sexual, por una parte, y violación, miedo y dolor en el otro.

❖ Si vas a ser violada, es mejor que te acuestes y lo disfrutes.
  • esta creencia impide que muchas mujeres se defiendan con éxito.
  • en un estudio de noventa y cuatro mujeres sobrevivientes de agresión sexual se llegó a la conclusión de que el uso inmediato de la fuerza física, especialmente cuando se combina con otras estrategias defensivas era el mejor elemento disuasivo, aunque se hizo hincapié en que ninguna estrategia garantizaba que se evitara la violación.

❖ Las mujeres claman violación para vengarse.
  • al igual que con el maltrato, tan solo una de cada diez violaciones es reportada a la policía.
  • las acusaciones falsas de violación no exceden estadísticamente ningún otro delito (promedio del 2%)

❖ El hombre negro es violador.
  • la gran mayoría de las violaciones son crímenes de la misma raza.
  • este mito también está distorsionado por el hecho de que los hombres de color son condenados desproporcionadamente y encarcelados por agresión, aunque sólo un pequeño porcentaje de asaltantes masculinos son hombres de color, son el 48 por ciento de los condenados y el 80 por ciento de los encarcelados por agresión.
  • si bien los hombres negros no son más propensos a ser violadores, las mujeres negras son significativamente más propensas que las mujeres blancas a ser víctimas, y son sometidas a ataques más violentos.
  • las mujeres de color también se enfrentan a un dilema en la presentación de informes, debido a la desconfianza justificable de las fuerzas del orden racistas y las agencias públicas con presión social para exponer a un hombre de color a arresto o encarcelamiento.

- ❖ La mayoría de las mujeres son violadas por la noche por un extraño en un lugar desolado.
  - las estadísticas muestran que las agresiones sexuales ocurren más de un tercio del tiempo en casa, y un tercio ocurren durante el día.
  - hasta un 46% de las violaciones son cometidas por familiares.

- ❖ Sólo las mujeres son violadas.
  - los estudios sociológicos muestran que una de cada cuatro niñas es violada, y uno de cada cinco o seis niños, antes de los dieciocho años.
  - a los dieciocho años, una de cada tres mujeres es violada, y uno de cada quince a veinte hombres es violado por otros hombres.
  - doce al 14 por ciento de las agresiones sexuales tratadas fueron sufridas por hombres, heterosexuales y homosexuales.

La violación no debe ser glorificada, y no hay duda de que las imágenes de violación provienen de una historia patriarcal contaminada de dominación y tortura de mujeres.

Un pastor puede ser confrontado con la noticia de que algún feligrés ha sido violado recientemente. En ese momento, se necesitan habilidades de crisis, especialistas capacitados en crisis de violación que están disponibles para ayudar inmediatamente después de la agresión.

La sensibilidad y la capacidad de conocimiento de un pastor son tal vez más esenciales a medida que pasa el tiempo y los recursos de crisis familiares y comunitarias comienzan a disminuir.

Incluso con apoyo e intervención, los trabajadores de la crisis de violación comúnmente se refieren a un síndrome de trauma de violación en el que hay varias etapas de recuperación que pueden durar hasta muchos años.

La etapa aguda o de impacto que dura de varias semanas a varios meses incluye, la desorganización y la interrupción de los mecanismos normales de afrontamiento, choque, miedo, ansiedad, aislamiento, llanto, estallidos inesperados, auto-culpa, pensamientos intrusos de revivir los eventos de la violación y otros síntomas clásicos y postraumáticos tal como pesadillas, insomnio, respuestas inestables e hipervigilancia y síntomas físicos como náusea y dolores de cabeza.

Necesita permiso y validación para todos sus sentimientos, sin insinuación de culpa o vergüenza. Es probable que esté segura de que el pastor no va a creerle o la culpará. El pastor debe hacerle saber que está orgulloso de ella por haber venido y sabe lo difícil que debe haber sido ese paso.

En esta etapa, una víctima necesita sentir calma, realidad, presencia pastoral confiable, y la seguridad de que todas las reacciones emocionales como físicas, son normales.

Pasará de la ira a la confusión, la tristeza, el terror y la ira de su propia violación, estos efectos secundarios son permanentes en la mayoría de las mujeres.

Ella tendrá sentimientos de impotencia extrema e indefensa desde el punto de vista que pudo haber sido asesinada. Ella está sintiendo principalmente miedo y dolor comparando el proceso de estar muerta o casi al morir.

Una sobreviviente de violación inmediatamente después de la crisis necesita apoyo, creencia y un cuidado no intruso. Necesita un apoyo espiritual, con sentido fortalecido de justicia y esperanza.

Incluso, lo que no necesita son cliché, comentarios ni discursos en forma bíblica. Las víctimas de violación no necesitan escuchar cómo deben sentirse de bendecida por su sufrimiento, cómo comparten el sufrimiento de Cristo ni cómo el violador está preocupado y necesita perdón.

No necesitan alegría ni aliento prematuro. Las sobrevivientes de la violación necesitan esperanza, una esperanza que se basa en la ira justa y el celo por la verdad. Necesitan oír que Dios les afirma en toda su integridad, furia, vergüenza y amargura.

Valide su experiencia. La Escritura no debe imponerse a una sobreviviente, pero debe ofrecerse a la petición de la mujer. Incluso los escritores de las Escrituras conocían el miedo.

No es un enemigo el que me insulta, eso lo soportaría; ni alguien que me odie, pues me escondería de él. Eres tú, mi igual, mi compañero y mi mejor amigo. (Sal. 55:12-13).

Entonces tenemos a los testigos inconscientes, por ejemplo, una madre que podría estar consciente o no del abuso, secretos de la familia, la comunidad, la sociedad y la persona misma.

Es más probable que la madre dude de sus propias percepciones, de su hija y no de su marido. La madre es omnisciente en la imaginación de un niño pequeño. Pues tiene la creencia de que la madre lo ve todo y lo sabe todo y puede arreglar cualquier situación y sanar cada dolor.

El perpetrador es inteligente al ocultar sus crímenes de tal manera que la madre no puede ver realmente el abuso. La violencia sexual contra los niños, independientemente del género, es un círculo más en el espectro del abuso de poder patriarcal.

Mitos de violación

- La violación es un acto impulsivo, más allá del control del violador.

- El atractivo sexual es de importancia primordial en la selección de objetivos. Las mujeres jóvenes hermosas son más propensas a ser violadas.

- La violación es un acto de pasión sexual.

- Ninguna mujer puede ser violada contra su voluntad.

- Las mujeres secretamente quieren ser violadas.

- Si vas a ser violada, es mejor que te acuestes y lo disfrutes.

- Las mujeres claman violación para vengarse.

- El hombre negro es violador.

- La mayoría de las mujeres son violadas por la noche por un extraño en un lugar desolado.

- Sólo las mujeres son violadas.

CAPÍTULO 8
SUMISIÓN VS. RENDICIÓN

Nada de este escrito debe interpretarse de una manera que culpe a las mujeres de ser violadas si no se defienden.

Persuadir a una mujer para que use resistencia física antes de ser violada es un mensaje importante de autodefensa. En muchas violaciones en las que la vida de la mujer está amenazada, mantenerse viva es la mejor resistencia, independientemente de la estrategia utilizada para hacerlo.

La diferencia entre distinguir la sumisión y la rendición. La sumisión implica la renuncia a nuestra auténtica y necesaria expresión de sí mismo. La entrega en la sumisión es al otro poderoso y deliberado para quien nos convertimos en un objeto más que en un sujeto.

La sumisión está motivada por el temor del que, a menos que sacrifiquemos nuestra propia subjetividad y acatamos la voluntad del otro, seremos abandonados, heridos o violados; el miedo a perder o ser perjudicado por el otro tiene prioridad sobre el miedo a perdernos a nosotros mismos.

Contrariamente a la sumisión, la rendición implica un ceder a lo que queremos ser, una alineación con nosotros mismos y con la dirección de nuestra auto-realización.

El Yo tanto distinto del ego debe eventualmente darse cuenta de su posición subordinada al Ser para que el proceso de individuación evolucione y este proceso puede, como la sumisión, ser experimentado como una pérdida de sí mismo.

Visto en esta luz, la rendición es la renuncia del control consciente por parte del ego, para dejar entrar a la plenitud de la sabiduría del alma.

Como en esta oración que no sea mi voluntad, sino la tuya, abriendo los confines de la conciencia a una inundación extática de la divinidad. No podemos confundir la experiencia interna con la externa.

La propia entrega de Cristo en la cruz puede verse como paradigmática para esta parte del camino del alma. Los teólogos han argumentado que la cruz representa una teología abusiva que glorifica el sufrimiento.

Un paradigma de abuso infantil que proyecta la muerte de Jesús como sumisión en lugar de rendición.

Para entender el sacrificio de Jesús como un sacrificio de rendición en lugar de como un acto de sumisión en lealtad a su propia fe y principios, debemos reconocer que Jesús escogió vivir una vida en oposición a culturas injustas y opresivas.

Su proclamación de la inmanencia del Reino de Dios que habría sido a las fuerzas seculares de la opresión que buscaban silenciar su mensaje de justicia, una acción voluntaria y tomada frente a la injusticia política y religiosa.

Aspecto convincente del secreto

La represión es el proceso por el cual la mente consciente olvida lo que sucedió y la disociación es un término integral para una serie de procesos por los cuales la mente consciente se ausenta de la escena del abuso.

El papel de la iglesia es para comenzar a funcionar como una comunidad de resistencia a las fuerzas sociopolíticas y prevalecientes de la negación y la represión.

El compromiso de la iglesia es el ser testigos fieles de la verdad, entonces tal vez podríamos crear un ambiente de equilibrio igual de valor y franqueza para escuchar las realidades de los sobrevivientes.

El abuso sexual puede parecer claro en el caso de los menores. El consentimiento requiere un conocimiento de lo que la persona está consintiendo y la verdadera libertad de decir sí o no, ninguno de los cuales pertenece a los niños.

El incesto es cualquier abuso sexual de un niño por parte de un pariente u otra persona en una posición de confianza y autoridad sobre el niño. Un niño abusado por un extraño puede correr a casa y obtener ayuda y seguridad. Una víctima del incesto no tiene la misma opción.

En resumen, el abuso sexual hiere a cada víctima a sus profundidades internas y deja cicatrices duraderas que pueden sanar con el tiempo y el cuidado adecuado, pero que nunca desaparecen por completo, y eso da forma permanente a la experiencia de la persona en el mundo.

Los sobrevivientes a menudo experimentan aspectos del estrés postraumático, como depresión, pesadillas y otros problemas de sueño, sentimientos inciertos de ansiedad y miedo, una sensación constante de estar en guardia, dificultades con confianza e intimidad, estallidos incontrolados de temperamento, problemas con la relación sexual y con la formación de relaciones saludables en general.

Es mucho más probable que el abuso sexual infantil esté completamente oculto, no sólo de un profesional que ayuda, sino de la propia sobreviviente en forma de represión y disociación.

La represión es el mecanismo psicológico mediante el cual la información se consigna a la historia y se archiva en los bancos de memoria de una persona, donde generalmente se elimina del pensamiento consciente.

La represión no es patológica, todo el mundo reprime, en parte para despejar la información trivial y traumática.

El abuso sexual, en particular el abuso incestuoso, es susceptible a una represión profunda de la memoria porque se ve reforzado por el secreto y la negación en la familia en la que ocurre y por la incredulidad social.

La disociación es un estado alterado de conciencia. Cuando la víctima se desvincula inconscientemente de los sentimientos que acompañan a reproducir un recuerdo de abuso.

Algunos leves estados disociativos son normales y pueden incluir un sentimiento fuera de sí mismo con alegría o angustia y en respuesta al trauma es una manera en la que la mente ayuda a la persona a desaparecer y amortigua el impacto del dolor.

Por lo general, un recuerdo traumático no se hará superficial en la conciencia del ego hasta que esa sabiduría, ni el ser de uno mismo, juzgue que la persona está lista para ello.

Los intentos inconscientes del sobreviviente de lidiar con el efecto doloroso que rodea las experiencias de victimización pueden haber generado períodos de amnesia o confusión con respecto a los detalles del abuso y pueden ser asociados con recuerdos y percepciones contradictorias, lo que puede llevar a especular sobre la verdad de la divulgación.

Los efectos secundarios del abuso sexual pueden agruparse en varias categorías:

- miedos y ansiedades;
- reacciones insensibilizantes y disociativas;
- síntomas físicos;
- síntomas emocionales;
- falta de autocuidado;
- comportamiento inconscientemente autodestructivo y lesiones despreocupadas;
- dificultades en las relaciones interpersonales, incluidas las dificultades sexuales.

Es un precepto general de este autor que el clero, otros profesionales religiosos y líderes de la iglesia deben trabajar en colaboración con el talento y las experiencias disponibles en sus comunidades y referir a los sobrevivientes de la violencia a profesionales y agencias apropiadas.

Un sobreviviente de abuso sexual infantil e incesto, necesita y merece el apoyo de un terapeuta profesional debidamente acreditado con sólida formación y experiencia en el campo del abuso sexual. Las heridas espirituales del abuso sexual son profundas y está moldeado por ser el abuso que sufrió cuando era niña.

Los sobrevivientes entienden su propio valor, su experiencia del mundo, sus expectativas de la bondad de las personas y su maldad, sus creencias más básicas acerca de Dios y la espera consciente o inconsciente de que el pastor también puede abusar de ella como lo hizo su perpetrador.

El clérigo se abre a escuchar historias de dolor y creer en lugar de descontarlas al mantenerse alerta a la posibilidad de que un gran número de feligreses puedan ser sobrevivientes.

Al dar con firmeza y amor constantemente el mensaje de que el abuso no fue culpa de la víctima, no importa lo que ella pensó, sintió e hizo, el pastor puede comenzar a desenredar los años de vergüenza y auto-culpa que la víctima ha tenido que llevar.

La diferencia entre distinguir la sumisión y la rendición. La sumisión implica la renuncia a nuestra auténtica y necesaria expresión de sí mismo. La entrega en la sumisión es al otro poderoso y deliberado para quien nos convertimos en un objeto más que en un sujeto.

CAPÍTULO 9
LOS EFECTOS SECUNDARIOS
DEL ABUSO SEXUAL

Debido a que la represión y la disociación son características tan comunes después del abuso sexual, nombrar efectos secundarios comunes se ha vuelto mucho más importante para identificar esta forma de abuso.

Miedos y ansiedades

- Miedo a estar solo en la oscuridad;
- Trastornos del sueño: pesadillas y sueños recurrentes, especialmente de ser perseguido o violado, despertar asustado a la misma hora todas las noches, la sensación de que alguien está en el dormitorio, despertar sintiéndose asfixiado o sensaciones asfixiantes;
- Ataques de pánico, ansiedad extrema;
- Otros fuertes e inexplicables temores; comúnmente de sótanos, armarios o ciertos objetos domésticos;
- Incapacidad de confiar en la realidad, miedo a que la alfombra se saque y se encuentre debajo de la superficie de la llamada realidad, se revelara algo de horror.

Falta de autocuidado, comportamiento autodestructivo y autolesivo

- Alienación del cuerpo; no sentirse cómodo en el cuerpo ni cuidar bien el cuerpo; distorsionar el peso corporal para evitar la atención sexual;
- Descuidar los dientes, evitar ver al dentista, sentir que la boca

es repugnante;
- Trastornos alimenticios, como incapacidad para comer, comer en exceso, ayunar, inducir vómitos, dieta compulsiva o aversión inexplicable a ciertos alimentos;
- Uso excesivo de alcohol o drogas (incluidos medicamentos recetados);
- Juegos de azar compulsivos, adictos al trabajo y otros comportamientos compulsivos;
- Toma de alto riesgo oscilando con incapacidad para asumir riesgos;
- Autolesión, interferir con la cicatrización de heridas, recoger, ser *propenso a accidentes* y automutilación;
- Pensamientos o intentos suicidas.

Síntomas físicos

- Incluyen problemas gastrointestinales, dolores de cabeza, dolor en las articulaciones, vaginitis persistente u otros trastornos ginecológicos;
- Tendencia a *somatizar* el estrés y el dolor emocional en forma de dolor físico;
- Dolor durante las relaciones sexuales (que puede no tener una causa fisiológica, o que, de hecho, puede ser el resultado de una lesión del abuso).

Síntomas emocionales

- Depresión;
- Episodios de rabia o ataques físicos a pareja o hijo;
- Cambios de humor extremos, reacciones emocionales inestables.

Reacciones insensibilizantes y disociativas

- Usar con frecuencia el sueño, los libros o la televisión como escape;
- perdido en el espacio, perder la concentración, perder el sentido del tiempo, el entumecimiento, la sensación de estar

fuera del propio cuerpo;
- Tener lagunas en la memoria infantil;
- Apagones, mareos, confusión, fatiga;
- *Espaciado* durante el sexo;
- Una sensación transitoria o recurrente de ser irreal, o que todos los demás sean irreales;
- Imágenes extrañas o violentas que aparecen a través de la mente; recuerdos intrusivos o recuerdos repentinos de un incidente anterior.

Dificultades en las relaciones interpersonales

Cuestiones de relación general: Incapacidad para mantener relaciones íntimas, ser demasiado aferrado o demasiado distante, probar repetidamente a las personas, experimentar un drama constante, esperar ser dejado o aprovechado, encontrando muy difícil confiar; ser hipervigilante y controladora.

Problemas sexuales: Disgusto por cierto o todo tipo de contacto sexual, dolor durante el sexo, incapacidad para tener un orgasmo, obsesión con el sexo, masturbación compulsiva, fantasías de abuso durante el sexo, comportamiento sexual compulsivo, necesidad de siempre o nunca tomar la iniciativa, frecuentes contactos sexuales *impersonales* con muchas parejas pero incapacidad para tener relaciones sexuales en una relación íntima, prostitución u otro trabajo en el comercio sexual u otras formas de actuar sexual.

Problemas con la autoestima: Sentirse loca, diferente, sucia o irreal, lo que un experto llama *especialización negativa*, un sentido secreto de maldad (que fue lo que hizo que su abusador no pudiera contenerse a sí mismo); perfeccionismo; estar *atraída a otros*, orientado más a complacer o satisfacer a otros que a sí mismo, basando la autoestima en el rendimiento; autoestima extremadamente baja, auto-odio, desprecio, u odiar, que puede o no estar envuelta en una grandiosidad superficial o una auto-justificación frágil.

Incapacidad para reconocer un comportamiento inapropiado hacia uno mismo, intrusión, violación o peligro. Si usted está encontrando que este capítulo está conmoviendo y perturbando los lugares profundos dentro de usted, continúe leyendo con la mayor gentileza y cuidado por sí mismo, y considere la importancia de explorar estos sentimientos más profundamente con un terapeuta profesional.

CONCLUSIÓN

Mientras que muchos siglos más tarde, la violación era vista como ilegal entre las clases altas, todavía se consideraba la prerrogativa de un aristócrata desembarcado tener relaciones sexuales con sus sirvientas y mujeres, especialmente para disfrutar del privilegio de *desflorarlas* en la víspera de su boda. Por ejemplo, si un hombre se acostó con una doncella perteneciente al rey, tenía que pagar cincuenta chelines por la violación.

Por otro lado, si un esclavo se atreve a violar a una sirvienta, sería castrado y si se atreve a violar a alguien por encima de ese rango sería asesinado. Si un sacerdote fuese acusado de violación o de cualquier otra mala obra, él podría tomar un juramento mientras llevaba puesto sus vestiduras sacerdotales y jurar ante un altar que los cargos eran falsos. Entonces sería eliminado de toda mala conducta.

Tampoco se puede separar la violación del racismo. Las mujeres negras fueron violadas rutinariamente por los hombres blancos dueños de esclavos y también por sus supervisores negros. El racismo también distorsionó la justicia para los acusados. Las acusaciones de violación contra hombres negros tenían un doble propósito de hacer que los hombres blancos se apropiaran de las mujeres, tanto blancas como negras, y de un arma sistemática de terror contra hombres negros.

La violación también está entrelazada con otras violaciones de los derechos humanos que vinculan directamente la represión política, el machismo y la tortura de los presos. La violación de mujeres indígenas fue una parte rutinaria de la colonización de las Américas por parte de los españoles y otros europeos, mucho antes de la ola de violencia política en América Latina que comenzó a mediados de este siglo y que hizo uso de la violación para intimidar y silenciar a la población.

No hay ningún sufrimiento que sea desconocido para Dios. El sufrimiento nunca es redentor y nunca puede ser redimido. La cruz es un símbolo de tragedia. El dolor de Dios se revela en la cruz y en todas partes y cada vez que la vida se ve frustrada por la violencia. El dolor de Dios es tan primordial como el amor de Dios.

Toda tragedia permanece eternamente y está eternamente de luto. La rendición de Cristo a la cruz no es redentora debido a su sufrimiento, sino por su decisión de permanecer fiel incluso frente a la muerte, y fue esa elección y no el sufrimiento lo que fue reivindicado por la resurrección.

Dios no causa sufrimiento, sino que se solidariza con los que sufren. Jesús no eligió la cruz, él escogió la integridad y la fidelidad, la gente escogió para él la tragedia de la cruz. Jesús se despojó de su gloria. ¡Dios lo vistió y el pueblo se lo quito! ¡No dejes que te quiten tu gloria!

Como Estudiosos Bíblicos, tenemos la responsabilidad de localizar la verdad del texto examinándolo críticamente y desafiándolo y no sólo tomando el marco de referencia de los narradores, lo que nos hace correr el riesgo de ser cómplices de él/ella.

Una cosa en común con las mujeres en las historias era que conocían la ley que les daba algunos derechos y después de cada situación invocaban esas leyes para que no sucumbieran a la desgracia y la desolación completa.

El valor de una mujer no debe basarse ni apegarse a su hombre (o al hombre con el que está), sino en su autoestima e identidad. Hasta que nosotros, como mujeres, sepamos cuál es nuestro lugar legítimo en la historia, seguiremos cometiendo los mismos errores. Tenemos que asegurarnos de que nuestra declaración sea intencional, no sólo estamos de paso, esta vez estamos aquí para quedarnos.

LLAMADO A LA ACCIÓN

Invitación a involucrarse. Participar en la abogacía de otros tipos de sobrevivientes y sobrevivientes del incesto.

Como parte de la continuación de este libro, me gustaría invitar a todo sobreviviente de abuso sexual a enviar sus historias del papel que jugó la injusticia, traición, abuso y cómo fueron capaces de superarlo.

Este libro te abrirá las puertas para que seas parte de las historias de sobrevivientes y compartirás tu historia con otras mujeres que necesitan aliento para ayudarles a través de sus propias luchas.

Al enviar su historia usted da permiso a Manuscritos Publishing y la autora para publicar en todos los materiales de mercadeo y promoción y en cualquier otro lugar que considere apropiado.

Si está interesada, por favor envíe su historia por correo electrónico: manuscritospublishing@cox.net o visite nuestro sitio red www.manuscritospublishing.com

¡No hay más excusas!

- Si no sabías como dirigir las situaciones de violencia doméstica y agresión sexual e incesto, ahora puedes aprender y ser parte de la solución.
- Si pensabas que no había víctimas, sobrevivientes o perpetradores/abusadores en tu iglesia, piensa otra vez.
- Detenga el círculo vicioso y haga un cambio ahora. Hazlo hoy y evita decepcionar a otra víctima. Reconoce que no tenemos todas las respuestas.
- Puedes comprar el/los libros para ti mismo o dárselo como regalo a una sobreviviente, organización de fe o comunitaria que trabaja con víctimas de agresión sexual y violencia doméstica.

Pastores, Capellanes, Líderes, Ministros y organizaciones sin fines de lucro.

¡ACCIÓN URGENTE!

Autora
Jacqueline Torres

¡Comencemos comprando el libro! Haga clic en enlace-https://amzn.to/3eX3Rvk

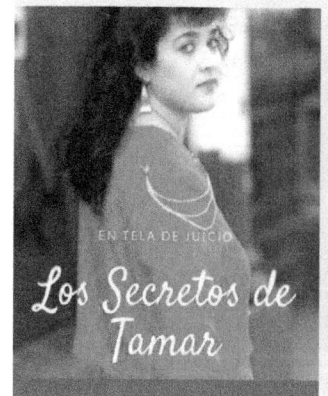

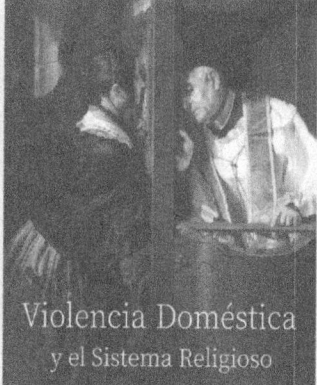

BIBLIOGRAFIA

Dershowitz, Alan M., The Genesis of Justice. Chapter 8. Pp.149-162 Ibid. Gen. 38:1-26. Chapter 9. Pp. 168-176.

Rosenblatt, Naomi Harris. After the Apple. Chapter 5. Pp. 107-115 Ibid. Chapter 10. Pp. 187-199

James, Carolyn Custis. Lost Women of the Bible. Chapter 5: Tamar: Missing in action. Pp. 105-118.

Pearson, Helen Bruch. Mother roots: the female ancestors of Jesus. p.49.

Herman, Judith L., MD. Trauma & Recovery. Pp. 96-114.

Tipología de Nicholas Groth   en.wikipedia.org/wiki/Types_of_rapist

Cooper-White, Pamela. The Cry of Tamar. (Minnesota: Augsburg Fortress, 1995).

John Donne, Holy Sonnets #10, in Selections from Divine Poems, Sermons, Devotions and Prayers. Ed. John Booty (New York: Paulist Press, 1990).

The Collected Works of St. Teresa of Avila, Vol. I: The Book of Her Life, trans. K. Kavanaugh and O. Rodriguez (Washington, D.C.: Institute of Carmelite Studies/ICS Pub., 1976), 193-94.

Kenneth Clark, Civilisation (New York: Harper & Row, 1969), 191.

Gustav Klimt, Danae, reproduced in Alessandra Comini, Gustav Klimt (New York: George Braziller, 1975), Pl. 27.

Torres, Jacqueline, PhD. Violencia Doméstica y el Sistema Religioso. (Connecticut: Manuscritos Publishing, 2019).

REFERENCIAS BÍBLICAS

Nueva Traducción Viviente (biblegateway.com)

<u>2 Samuel 11; 12; 13; 14; 19</u>

2 Samuel 19:1
Pronto le llegó a Joab la noticia de que el rey estaba llorando y haciendo duelo por Absalón.

2 Samuel 14:27
Tenía tres hijos y una hija. Su hija se llamaba Tamar, y era muy hermosa.

<u>Deuteronomio 4; 7; 22; 25; 30</u>

Deuteronomio 22:23-29
[23] Supongamos que un hombre conoce a una joven virgen que está comprometida para casarse y tiene relaciones sexuales con ella. Si tal cosa sucediera dentro de una ciudad, [24] deberás llevarlos a ambos hasta las puertas de esa ciudad y matarlos a pedradas. La mujer es culpable por no gritar para pedir ayuda. El hombre debe morir por violar a la mujer de otro hombre. De ese modo limpiarás esa maldad que hay en medio de ti. [25] Pero si el hombre encuentra en el campo a la mujer comprometida y la viola, entonces solo el hombre debe morir. [26] No le hagan nada a la joven; ella no cometió ningún delito digno de muerte. Es tan inocente como la víctima de un homicidio. [27] Dado que el hombre la violó en el campo, se dará por sentado que ella gritó, pero no había nadie para socorrerla. [28] Supongamos que un hombre tiene relaciones sexuales con una joven que es virgen pero que aún no está comprometida para casarse. Si los descubren, [29] él deberá pagarle al padre de ella cincuenta monedas de plata. Luego deberá casarse con la joven por haberla violado y jamás en su vida podrá divorciarse de ella.

Éxodo 22:16-17
¹⁶ Si un hombre seduce a una mujer virgen que no está comprometida y tiene sexo con ella, tendrá que pagar a la familia de la mujer la cantidad acostumbrada por una virgen y casarse con ella. ¹⁷ Aun si el padre se niega a que él se case con ella, el hombre tendrá que pagar una cantidad igual al precio que se acostumbra pagar por una virgen.

Levítico 20:12-14
¹² Si un hombre tiene sexo con su nuera, los dos serán ejecutados. Han cometido una gran perversidad y son culpables de un delito de muerte. ¹³ Si un hombre practica la homosexualidad, al tener relaciones sexuales con otro hombre como si fuera una mujer, ambos han cometido un acto detestable. Ambos serán ejecutados, pues son culpables de un delito de muerte. ¹⁴ Si un hombre se casa con una mujer y también con la madre de ella, ha cometido un acto perverso. Tanto el hombre como ambas mujeres deberán morir quemados para eliminar semejante perversidad de entre ustedes.

Levítico 21:9
⁹ Si la hija de un sacerdote se contamina a sí misma al hacerse prostituta, ella también contamina la santidad de su padre, y deberá morir quemada.

Levítico 18:20
²⁰ No te contamines a ti mismo al tener relaciones sexuales con la esposa de tu vecino.

Génesis 25; 34; 38; 42; 49;

Génesis 38:6-30
⁶ Con el transcurso del tiempo, Judá arregló que Er, su hijo mayor, se casara con una joven llamada Tamar. ⁷ Pero Er era un hombre perverso ante los ojos del Señor, y el Señor le quitó la vida. ⁸ Entonces Judá dijo a Onán, hermano de Er: Cásate con Tamar, como nuestra ley exige al hermano de un hombre que haya muerto. Tú debes darle un heredero a tu hermano. ⁹ Pero Onán no estaba dispuesto a tener un hijo que no fuera su propio heredero. Por eso, cada vez que tenía relaciones sexuales con la mujer de su hermano, derramaba el semen en el suelo. Esto evitaba que ella tuviera un hijo de su hermano. ¹⁰ Así que

el Señor consideró una maldad que Onán negara un hijo a su hermano muerto, y el Señor también le quitó la vida a Onán. [11] Entonces Judá le dijo a Tamar, su nuera: «Vuelve a la casa de tus padres y permanece viuda hasta que mi hijo Sela tenga edad suficiente para casarse contigo». (Pero en realidad, Judá no pensaba hacerlo porque temía que Sela también muriera, igual que sus dos hermanos). Entonces Tamar regresó a vivir a la casa de sus padres. [12] Unos años después, murió la esposa de Judá. Cumplido el período de luto, Judá y su amigo Hira el adulamita subieron a Timna para supervisar la esquila de sus ovejas. [13] Alguien le dijo a Tamar: Mira, tu suegro sube a Timna para esquilar sus ovejas. [14] Tamar ya sabía que Sela había crecido, pero aún no se había arreglado nada para que ella se casara con él. Así que se quitó la ropa de viuda y se cubrió con un velo para disfrazarse. Luego se sentó junto al camino, a la entrada de la aldea de Enaim, la cual está rumbo a Timna. [15] Judá la vio y creyó que era una prostituta, porque ella tenía el rostro cubierto. [16] Entonces se detuvo y le hizo una propuesta indecente: —Déjame tener sexo contigo—le dijo, sin darse cuenta de que era su propia nuera. —¿Cuánto me pagarás por tener sexo contigo? —preguntó Tamar. [17] —Te enviaré un cabrito de mi rebaño—prometió Judá. —¿Pero ¿qué me darás como garantía de que enviarás el cabrito? —preguntó ella. [18] —¿Qué clase de garantía quieres? —respondió él. Ella contestó: —Déjame tu sello de identidad junto con su cordón, y el bastón que llevas. Entonces Judá se los entregó. Después tuvo relaciones sexuales con ella, y Tamar quedó embarazada. [19] Luego ella regresó a su casa, se quitó el velo y se puso la ropa de viuda como de costumbre. [20] Más tarde Judá le pidió a su amigo Hira el adulamita que llevara el cabrito a la mujer y recogiera las cosas que le había dejado como garantía, pero Hira no pudo encontrarla.

[21] Entonces preguntó a los hombres de ese lugar: —¿Dónde puedo encontrar a la prostituta del templo local que se sentaba junto al camino, a la entrada de Enaim? —Nunca hemos tenido una prostituta del templo aquí—contestaron ellos. [22] Entonces Hira regresó a donde estaba Judá y le dijo: —No pude encontrarla por ninguna parte, y los hombres de la aldea afirman que nunca ha habido una prostituta del templo pagano en ese lugar. [23] —Entonces deja que se quede con las cosas que le di—dijo Judá—. Envié el cabrito, tal como acordamos, pero tú no pudiste encontrarla. Si regresamos a buscarla, seremos el

hazmerreír del pueblo. ²⁴ Unos tres meses después, le dijeron a Judá: —Tu nuera Tamar se ha comportado como una prostituta y ahora, como consecuencia, está embarazada. —¡Sáquenla y quémenla! —ordenó Judá.

²⁵ Pero cuando la sacaban para matarla, ella envió el siguiente mensaje a su suegro: El dueño de estas cosas fue quien me dejó embarazada. Fíjese bien. ¿De quién son este sello, este cordón y este bastón? ²⁶ Judá los reconoció enseguida y dijo: —Ella es más justa que yo, porque no arreglé que ella se casara con mi hijo *Sela*. Y Judá nunca más volvió a acostarse con Tamar.

²⁷ Cuando llegó el tiempo de que Tamar diera a luz, se descubrió que esperaba gemelos. ²⁸ Durante el parto, uno de los niños sacó la mano, entonces la partera le ató un hilo rojo en la muñeca y anunció: Este salió primero. ²⁹ Pero luego el niño metió la mano de vuelta, ¡y salió primero su hermano! Entonces la partera exclamó: ¡Vaya! ¿Cómo hiciste para abrirte brecha y salir primero?». Y lo llamaron Fares. ³⁰ Luego nació el niño que llevaba el hilo rojo en la muñeca, y lo llamaron Zera.

Génesis 42:21
²¹ Y hablando entre ellos, dijeron: Es obvio que estamos pagando por lo que le hicimos hace tiempo a José. Vimos su angustia cuando rogaba por su vida, pero no quisimos escucharlo. Por eso ahora tenemos este problema.

1 Crónicas 2:3
³ Judá tuvo tres hijos con Bet-súa, una mujer cananea. Sus nombres fueron Er, Onán y Sela; pero el Señor vio que Er, el hijo mayor, era un hombre perverso, de manera que le quitó la vida.

Rut 4:12
¹² Y que el Señor te dé descendientes por medio de esta joven que sean como los de nuestro antepasado Fares, el hijo de Tamar y Judá.

Mateo 1:3
³ Judá fue el padre de Fares y de Zera (la madre fue Tamar). Fares fue el padre de Hezrón. Hezrón fue el padre de Ram.

Efesios 6:10-18
¹⁰ Una palabra final: sean fuertes en el Señor y en su gran poder. ¹¹ Pónganse toda la armadura de Dios para poder mantenerse firmes contra todas las estrategias del diablo. ¹² Pues no luchamos^j contra enemigos de carne y hueso, sino contra gobernadores malignos y autoridades del mundo invisible, contra fuerzas poderosas de este mundo tenebroso y contra espíritus malignos de los lugares celestiales.

¹³ Por lo tanto, pónganse todas las piezas de la armadura de Dios para poder resistir al enemigo en el tiempo del mal. Así, después de la batalla, todavía seguirán de pie, firmes. ¹⁴ Defiendan su posición, poniéndose el cinturón de la verdad y la coraza de la justicia de Dios.

¹⁵ Pónganse como calzado la paz que proviene de la Buena Noticia a fin de estar completamente preparados. ¹⁶ Además de todo eso, levanten el escudo de la fe para detener las flechas encendidas del diablo.^l ¹⁷ Pónganse la salvación como casco y tomen la espada del Espíritu, la cual es la palabra de Dios. ¹⁸ Oren en el Espíritu en todo momento y en toda ocasión. Manténganse alerta y sean persistentes en sus oraciones por todos los creyentes en todas partes.

Salmos 55:21
²¹ Sus palabras son tan suaves como la mantequilla, pero en su corazón hay guerra. Sus palabras son tan relajantes como una loción, ¡pero por debajo son dagas!

Jueces 19:1-30
En esos días, Israel no tenía rey. Hubo un hombre de la tribu de Leví que vivía en un lugar remoto de la zona montañosa de Efraín. Cierto día se llevó a su casa a una mujer de Belén de Judá, para que fuera su concubina.

² Pero ella se enojó con él y volvió a la casa de su padre, en Belén. Unos cuatro meses después, ³ su marido viajó a Belén para hablar personalmente con ella y convencerla de que regresara. Llevó consigo a un siervo y a un par de burros. Cuando llegó a la casa del padre, este lo vio y le dio la bienvenida.

⁴Su suegro, el padre de la joven, insistió en que se quedara por un tiempo, así que pasó allí tres días, comiendo, bebiendo y durmiendo. ⁵Al cuarto día, el hombre se levantó temprano y estaba listo para partir, pero el padre de la joven le dijo a su yerno: Come algo antes de irte. ⁶Así que los dos hombres se sentaron a comer y beber juntos. Luego el padre de la joven le dijo: Quédate, por favor, otra noche y diviértete.

⁷El hombre se levantó para irse, pero su suegro siguió insistiendo en que se quedara, así que al final cedió y pasó allí otra noche.⁸A la mañana del quinto día, el hombre se levantó temprano nuevamente, listo para partir, pero una vez más el padre de la joven le dijo: Come algo; después podrás irte esta tarde. Así que se pasaron otro día de festejo.

⁹Más tarde, mientras el hombre, su concubina y el siervo se preparaban para marcharse, el suegro le dijo: Mira, está atardeciendo. Quédate esta noche y diviértete. Mañana podrás levantarte temprano y marcharte.¹⁰Pero esta vez, el hombre estaba decidido a irse. Así que tomó a sus dos burros ensillados y a su concubina, y se dirigió a Jebús (es decir, Jerusalén).

¹¹Ya era tarde cuando se acercaron a Jebús, y el siervo le dijo: —Paremos en esta ciudad jebusea y pasemos aquí la noche.¹² —No—le dijo su amo—, no podemos quedarnos en esta ciudad extranjera donde no hay israelitas. Seguiremos, en cambio, hasta Guibeá. ¹³Vamos, tratemos de llegar hasta Guibeá o Ramá, y pasaremos la noche en una de esas ciudades.

¹⁴ Así que siguieron adelante. El sol se ponía cuando llegaron a Guibeá, una ciudad situada en Benjamín, ¹⁵y se detuvieron allí para pasar la noche. Descansaron en la plaza de la ciudad, pero nadie los invitó a su casa para pasar la noche.

¹⁶Esa noche un anciano regresaba a su hogar después del trabajo en los campos. Era de la zona montañosa de Efraín, pero vivía en Guibeá, donde la gente era de la tribu de Benjamín. ¹⁷Cuando vio a los viajeros sentados en la plaza de la ciudad, les preguntó de dónde venían y hacia dónde iban.

¹⁸ Regresamos de Belén, en Judá—le contestó el hombre—, y vamos hacia una zona remota de la región montañosa de Efraín, donde yo vivo. Viajé a Belén y ahora voy de regreso a mi hogar. Pero nadie nos ha invitado a su casa para pasar la noche, ¹⁹ aunque traemos todo lo que necesitamos. Tenemos paja y forraje para nuestros burros, y bastante pan y vino para nosotros. ²⁰ —Serán bienvenidos en mi casa—les dijo el anciano—. Yo les daré todo lo que pudiera faltarles; pero no se les ocurra pasar la noche en la plaza.

²¹ Entonces los llevó a su casa y dio alimento a los burros. Después de lavarse los pies, comieron y bebieron juntos.

²² Mientras disfrutaban el momento, un grupo de alborotadores de la ciudad rodeó la casa. Comenzaron a golpear la puerta y a gritarle al anciano: —Saca al hombre que se hospeda contigo para que podamos tener sexo con él.

²³ Entonces el anciano salió para hablar con ellos. —No, hermanos míos, no hagan algo tan perverso. Pues este hombre es huésped en mi casa, y semejante acto sería vergonzoso. ²⁴ Miren, llévense a mi hija virgen y a la concubina de este hombre. Yo se las sacaré, y ustedes podrán abusar de ellas y hacerles lo que quieran. Pero no cometan semejante vergüenza contra este hombre.

²⁵ Sin embargo, ellos no le hicieron caso. Entonces el levita tomó a su concubina y la empujó por la puerta. Los hombres de la ciudad abusaron de ella toda la noche, violándola uno por uno hasta la mañana. Finalmente, al amanecer, la soltaron.

²⁶ Cuando ya amanecía, la mujer regresó a la casa donde estaba hospedado su esposo y se desplomó en la puerta de la casa, y permaneció allí hasta que hubo luz. ²⁷ Cuando su esposo abrió la puerta para salir, allí encontró a su concubina, tirada, con las manos en el umbral.

²⁸ ¡Levántate, vamos!, le dijo. Pero no hubo respuesta. Entonces subió el cuerpo de la mujer a su burro y se la llevó a su casa. ²⁹ Cuando llegó a su casa, tomó un cuchillo y cortó el cuerpo de su concubina en doce pedazos. Después envió un pedazo a cada tribu por todo el territorio

de Israel.³⁰ Todos los que lo veían exclamaban: En todo este tiempo, desde que Israel salió de Egipto, nunca se había cometido un crimen tan horrible. ¡Pensémoslo bien! ¿Qué vamos a hacer? ¿Quién lo denunciará?

RECURSOS

La Línea de Ayuda Nacional de Asalto Sexual
Gratis. Confidencial. Segura. Llame al 800.656.4673
https://www.rainn.org/

RAINN (Rape, Abuse, & Incest National Network) ofrece apoyo gratuito las 24 horas al día, 7 días por semana para los sobrevivientes de la violencia sexual y sus seres queridos.

- Recursos nacionales en español para los sobrevivientes de agresiones sexuales y sus seres queridos - La violencia sexual, la violencia doméstica, apoyo para la salud mental, el abuso infantil, el acoso, TEPT (trastorno de estrés postraumático), inmigración, y información legal.
- Asalto Sexual - El asalto sexual puede tener muchas modalidades, pero un factor es siempre igual: nunca es culpa de la persona.
- ¿Cómo es el consentimiento? - Cuando usted está comenzando una relación sexual, el consentimiento se trata de la comunicación. Y se la debe tener cada vez.
- Después de un asalto/abuso sexual - Es difícil saber qué hacer, qué sentir y cuáles son sus opciones después de un abuso sexual.
- Cuidar de sí mismo después del trauma - El cuidado de sí mismo(a) se trata de los pasos a tomar para sentirse saludable y cómodo.
- ¿Qué es un examen forense de asalto sexual? - La evidencia de ADN en un crimen como del asalto sexual, se puede recolectar en el lugar de los hechos, pero además se puede recolectar de su cuerpo, su ropa y otros artículos personales.

- Planificación de la seguridad - La planificación de la seguridad se trata de pensar en las formas que puede permanecer segura(o) lo cual también puede disminuir el riesgo de perjuicios en el futuro.
- Consejos para hablar con sobrevivientes de abuso sexual - No siempre es fácil saber qué decir cuando alguien te dice que ha sido agredido sexualmente, especialmente si es un amigo o un familiar. Aquí hay algunas frases específicas que el personal de la línea directa nacional de abuso sexual de RAINN recomienda para apoyar durante el proceso de curación de un sobreviviente.
- Sobrevivientes de abuso sexual en la comunidad LGBTQ - Las personas que se identifican como parte de las comunidades de lesbianas, gays, bisexuales, transgénero y homosexuales (LGBTQ) también experimentan violencia sexual y pueden enfrentar desafíos diferentes o adicionales para acceder a recursos legales, médicos, policiales u otros recursos.
- Abuso sexual de hombres y niños - El abuso sexual puede sucederle a cualquiera, sin importar su edad, orientación sexual o identidad de género.
- Consejos para los sobrevivientes sobre los medios - Los medios de comunicación pueden ser una gran herramienta para aumentar la concientización pública sobre la violencia sexual, pero también pueden presentar retos para algunos sobrevivientes.
- Ayúdele a ese ser querido - No siempre es fácil saber qué decir cuando alguien nos dice que ha sido abusado sexualmente. Considere las siguientes formas de mostrar su apoyo.
- Abuso Sexual Infantil - Cuando un(a) agresor(a), lastima intencionalmente a un menor, ya sea física, psicológica o sexualmente, incluyendo el actuar de manera negligente, el crimen es denominado abuso infantil. Esta página se aboca específicamente al abuso sexual infantil y a las señales de advertencia sobre la posible existencia de dicho crimen.
- ¿Cómo puedo proteger a mi hijo del abuso sexual? - Los niños de cualquier cultura, raza, religión o grupo socioeconómico pueden ser víctimas del abuso sexual.
-

- <u>Adultos Sobrevivientes de Abuso Sexual en su Infancia</u> - Si usted es un(a) adulto(a) que sufrió de abuso sexual cuando era niño(a), debe entender que no está sólo(a). En Estados Unidos cada nueve minutos un(a) niño(a) es víctima de un ataque sexual y 95 por ciento de ellos(as) conocen al culpable. No importa lo que haya sucedido, el abuso no fue culpa suya y nunca es demasiado tarde para que comience a superar esta experiencia.
- <u>Qué Hacer Si Sospecha Que Están Lastimando a un(a) Niño(a)</u> - Si está preocupado(a) porque piensa que un(a) niño(a) es víctima de abuso, es posible que no esté seguro(a) de qué hacer o cómo responder. El abuso sexual infantil es un crimen que a menudo pasa desapercibido.
- <u>Algo me paso (edades 12-18)</u> - Es posible que sientas muchas de las mismas emociones (ira, miedo y vergüenza) que los sobrevivientes adultos cuando revelan a sus seres queridos o denuncian una agresión sexual. Pero si eres menor de 18 años, puede haber procesos únicos de divulgación y presentación de informes a tener en cuenta porque todavía eres legalmente menor de edad.
- <u>Señales de advertencia para menores</u> - Cada 9 minutos autoridades gubernamentales responden a otra denuncia de abuso sexual infantil. Estos crímenes pueden tener un grave impacto en la vida y el desarrollo de un niño y pueden continuar impactando al sobreviviente más adelante en la vida. Identificar las señales de advertencia del abuso sexual infantil es a menudo el primer paso para proteger a un niño que está en peligro. Si puede detectar el abuso sexual, puede detenerlo.
- <u>Explotación sexual por parte del personal de ayuda</u> - Cuando buscas la ayuda profesional de alguien, pones tu confianza en sus manos para tomar decisiones en tu mejor interés. La explotación sexual por parte de un profesional de ayuda es una violación grave de su confianza y, en muchos casos, de la ley.

National Sexual Violence Resource Center, 2101 N Front Street, Governor's Plaza North, Building #2, Harrisburg, PA 877-739-3895 https://www.nsvrc.org/es

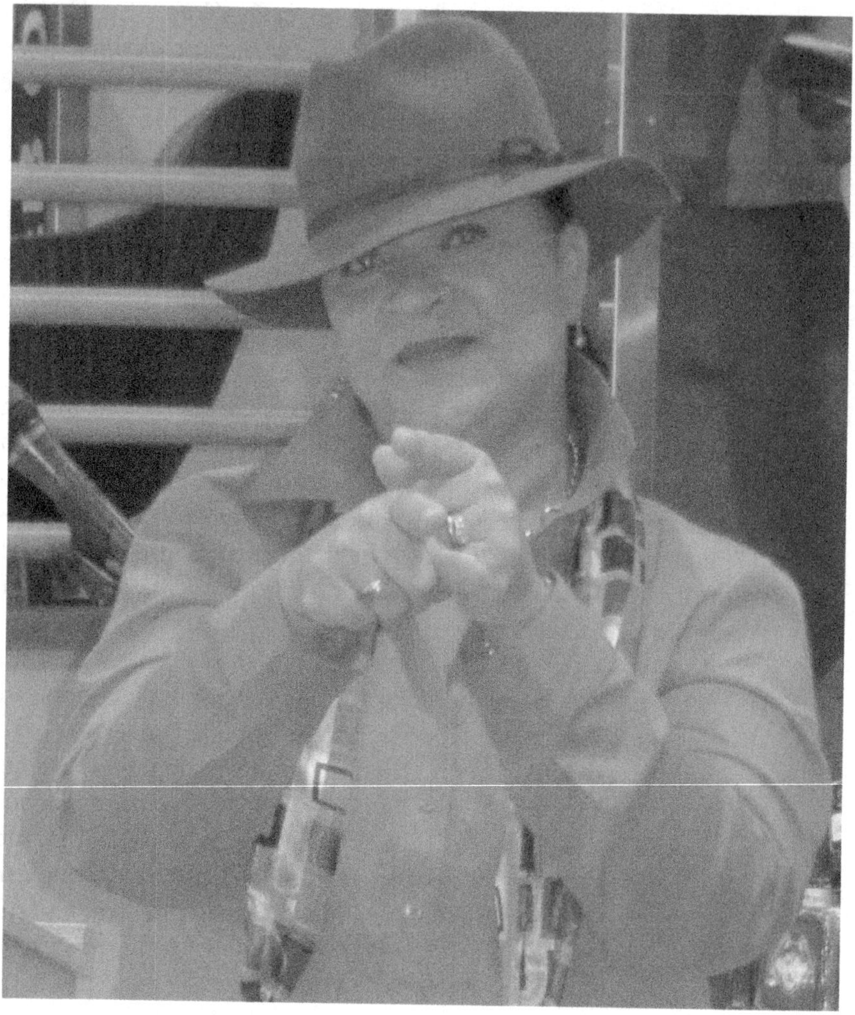

SOBRE LA AUTORA

Una líder dinámica con visión, pasión y dedicación. Jacqueline es una autora que combina la vida espiritual, personal y profesional de las personas para llevar un mensaje de conciencia y transformación.

Escribir libros de no ficción o de desarrollo personal, profesional y espiritual es lo que le gusta hacer. Ella cree que todo el mundo practica algún tipo de espiritualidad y de alguna manera sus libros les llegan en el punto donde están buscando ayuda o proporcionando ayuda.

Ella ha decidido deliberadamente utilizar las personalidades bíblicas que han sido pasadas por alto en su tiempo e historia y traer algo de luz a esas historias y darles un nuevo significado o una voz en la historia actual.

Reconociendo que las historias bíblicas no son diferentes de nuestra historia actual. Pintar una imagen bonita de los hechos del pasado no siempre es útil en el presente.

Lo que los lectores pueden esperar de sus libros es que pueden ser validados en sus propias experiencias. Al poder visualizar lo que otros antes de ellos pasaron y lo que hicieron para cumplir su propósito.

Quiere que los lectores piensen en ella como una dramaturga, alguien a quien le encanta escribir guiones sociodrama y de vez en cuando ha interpretado sus propios guiones, porque cree en pintar un cuadro de lo bueno y lo malo que sucede en la sociedad.

Made in the USA
Middletown, DE
16 November 2023